AF232870

CAMOËNS,

DRAME EN CINQ ACTES ET EN PROSE,

PAR MM. VICTOR PERROT ET ARMAND DU MESNIL.

Représenté pour la première fois, à Paris, sur le théâtre royal de l'Odéon, (second Théâtre-Français), le 29 Avril 1845.

<table>
<tr><td>PERSONNAGES.</td><td>ACTEURS.</td></tr>
<tr><td>LUIZ DE CAMOËNS.</td><td>MM. Bignon.</td></tr>
<tr><td>DOM SÉBASTIEN, roi de Portugal.</td><td>E. Monrose.</td></tr>
<tr><td>DOM JOAO DE SORIA, premier ministre.</td><td>Ste-Marie.</td></tr>
<tr><td>DOM FERNAND DE NORONHA.</td><td>Harville.</td></tr>
<tr><td>LE COMTE DE TORELLO, ambassadeur d'Espagne.</td><td>Wolff.</td></tr>
<tr><td>ANTONIO, Javanais.</td><td>Quers.</td></tr>
<tr><td>M. DE SAINT-POL, gentilhomme français.</td><td></td></tr>
<tr><td>RÉAL,
LÉO. } Seigneurs portugais.</td><td></td></tr>
<tr><td>DIEGO, tavernier.</td><td>F. Dupuis.</td></tr>
<tr><td>MIGUEL, drapier.</td><td>Barre.</td></tr>
<tr><td>MANOEL, homme d'armes du duc de Soria.</td><td>Grimbert.</td></tr>
<tr><td>PABLO.</td><td>Frank.</td></tr>
<tr><td>DONA CATARINA DE ATAYDE.</td><td>Mme L. Fitzjames.</td></tr>
<tr><td>Dames et Seigneurs de la cour.</td><td></td></tr>
</table>

Lisbonne, 1578.

ACTE PREMIER.

Le théâtre représente une pauvre hôtellerie. Porte et fenêtre au fond, donnant sur le port. Une porte à gauche, deux portes à droite. Sur la table, des gobelets et un flambeau.

SCÈNE I.

DIÉGO, FERNAND.

(Au lever du rideau, Diégo est occupé à ranger ses brocs. Fernand entre par la porte du fond.

FERNAND, *à demi-voix.*

Eh bien ! est-il venu quelqu'un ?

DIÉGO.

Oui, Seigneur.

FERNAND, *de même.*

Tous les deux ?

DIÉGO.

Un seul.

FERNAND.

Ah malheur !

DIÉGO.

Soyez tranquille, mon gentilhomme, l'autre ne se fait jamais attendre.

FERNAND.

Parle plus bas.

DIÉGO.

C'est une précaution inutile... Je défie ceux qui sont là (*il indique la porte du second plan, à droite*) d'entendre un mot de ce qui se dit dans cette salle... C'était autrefois un grand caveau dont j'ai fait des chambres... Les portes et les murs sont dignes d'une prison.

FERNAND.

Dis-moi, Diégo, cette chambre est libre encore ? (*Il indique la porte du premier plan.*)

DIÉGO.

Oui, elle est libre.

FERNAND,

Bien. (*A part.*) Ah! monsieur de Soria, vous avez habilement choisi le lieu du rendez-vous pour vos conférences. Votre hôtel offrait quelque danger, et vous l'avez remplacé par la taverne la moins achalandée... la plus pauvre des tavernes, dans le quartier le plus noir, le plus retiré de la ville... c'est agir en maître... cependant, vous avez commis une faute grave, qui vous perdra, cousin! Vous m'avez oublié... vous avez oublié qu'il y avait dans votre famille un homme qui vous hait d'une haine profonde; qui aime son pays, et qui a Camoëns à venger... (*Haut.*) Diégo, pour la dernière fois, sans doute, j'ai besoin de tes services... Continue de m'être dévoué, et ceci ne sera qu'un à-compte. (*Il lui donne une bourse.*) Je reviens. (*Il sort par le fond.*)

SCÈNE II.

DIÉGO, *seul et comptant.*

De l'or! il paie en roi, ce jeune seigneur! ce doit être un fameux gibier que celui qu'il chasse, pour tirer dessus avec cette mitraille-là!... Quel intérêt le pousse à surveiller ces deux inconnus. Il a ses raisons... (*Faisant sauter la bourse*) et elles doivent être excellentes. (*Apercevant Miguel qui passe au fond.*) Eh! c'est le cousin Miguel!... Cousin Miguel, entrez donc!

SCÈNE III.

MIGUEL, DIÉGO.

MIGUEL.

Bon soir, je suis très-pressé!

DIÉGO.

Ce n'est pas une raison pour passer devant ma porte sans venir vider un verre avec moi... Il y a un siècle que l'on ne vous a vu...

MIGUEL.

Quand on demeure, comme nous, l'un au nord, l'autre au midi, la course est bonne!...

DIÉGO.

Et il faudrait une dose d'affection... que vous n'avez pas pour votre parenté. Eh! eh!...

MIGUEL.

Ce n'est pas l'affection qui manque, ce sont les jambes. Eh! eh!

DIÉGO.

Chansons! c'est le cœur qui est boiteux!

MIGUEL.

Vous m'affligez!

DIÉGO,

Bah! ça passera!... Buvez!

MIGUEL.

Vous êtes brusque, mais vous avez bon

cœur... (*Il boit.*) et bon vin... Eh! eh! (*Diégo veut lui verser un second verre.*) Non, assez, ma tête est ridicule...

DIÉGO.

Je ne dis pas non.... Et comment vous trouvez-vous dans ce quartier?

MIGUEL.

J'ai voulu voir la flotte royale avant son départ.

DIÉGO.

Le roi s'embarque-t-il bientôt?

MIGUEL.

Hélas! demain, dit-on, pour aller combattre les Maures d'Afrique. (*Confidentiellement.*) Entre nous, c'est un acte de folie... tout l'argent que cela a coûté, celui qu'on dépensera encore, est pris dans notre bourse.

DIÉGO.

Que voulez-vous? il faut bien que quelqu'un paie!

MIGUEL.

Quelqu'un!... diable!... mais, le quelqu'un c'est toujours nous..... Décidément, j'aime mieux la peste que la guerre! la peste nous emporte, la guerre nous ruine, entendez-vous?

DIÉGO.

C'est le cardinal Henry, le prêtre régent, comme on l'appelle, qui pousse son neveu à se croiser.

MIGUEL.

Pour un cardinal, il est bien guerrier!

DIÉGO, *riant.*

C'est qu'il n'est pas général!

(*Un homme enveloppé d'un grand manteau, paraît au fond. Diégo se lève et va à sa rencontre.*

L'HOMME. (1)

Bon soir, maître.

(*Il entre dans la pièce du second plan, à droite.*

DIÉGO.

On vous attend, et de deux...

MIGUEL.

Qu'est-ce que cela?

DIÉGO.

Un homme, par Dieu!

MIGUEL.

Il a plutôt l'air d'un manteau... mais je vous crois... Que vient-il faire ici?...

DIÉGO.

Rejoindre un autre individu de mine aussi drapée. Je ne les connais ni l'un ni l'autre. Je sais seulement qu'ils m'ont loué cette chambre depuis huit jours, qu'ils y sont venus trois ou quatre fois, qu'ils paient bien et ne consomment pas ce que je leur sers.

MIGUEL.

Avez-vous beaucoup de pratiques comme

(1) Miguel, Diégo, l'Homme.

celles-là? Et vous n'avez pas été tenté d'écouter?

MIGUEL.

Un autre s'en charge à ma place.

MIGUEL.

Je suis intrigué!... Je passerai vous revoir. Je vais chez un voisin où j'ai affaire, Tenez, voici deux étrangers qui m'ont l'air de chercher un gîte... Jésus! l'un d'eux est un Sarrazin, si je ne me trompe.

DIÉGO.

Ils se séparent.

MIGUEL.

Vous n'aurez que l'infidèle.... Dieu vous garde. (*Antonio entre.*)

SCÈNE IV.

MIGUEL, DIÉGO, ANTONIO.

DIÉGO va au-devant d'Antonio et lui fait un profond salut.

Seigneur étranger, que puis-je pour votre service?

ANTONIO.

Je voudrais une chambre.

DIÉGO.

Ah! diable! j'en ai bien une, mais elle ne sera libre que vers la fin de la soirée. Je tâcherai d'arranger cela!

ANTONIO.

Dis! peux-tu nous loger, mon maître et moi?

DIÉGO, *étonné.*

Son maître! c'est un esclave! (*Il se couvre.*) Il est familier.

ANTONIO.

As-tu perdu la parole?

DIÉGO.

Oh! elle n'est pas loin.

ANTONIO.

Réponds : oui ou non.

MIGUEL.

Répondez donc!

DIÉGO.

Certes, je vais lui répondre : (*A Antonio, fièrement.*) Dans ce pays, les taverniers, bien qu'aux ordres de tous, ne sont les valets de personne! et quand on leur adresse la parole, on leur parle comme à un homme, non comme à un esclave! Il n'y a pas d'esclave en Portugal!

ANTONIO, *haussant les épaules et avec dédain.*

Tu mens, giaour, il y en a, et toi le premier : tout-à-l'heure, me prenant pour un personnage, sans doute, ne te prosternais-tu pas devant moi?

DIÉGO.

Pure politesse!

ANTONIO.

Le mot de maître t'a redressé et rendu ton insolence, dont j'ai ri, mais dont je te conseille de ne pas faire un second essai. — Ecoute, afin que, si le sort nous réunissait de nouveau, tu saches à qui tu as affaire.

DIÉGO.

Il est très-drôle!

ANTONIO.

Celui que j'appelle mon maître est en effet le mien, mais autrement que tu ne te l'imagines! l'intérêt ou l'appât d'un salaire n'ont point rivé de chaînes à mes pieds. Je suis sorti libre du sein de ma mère, je mourrai libre; la reconnaissance, le dévoûment sont les seuls liens, liens bénis et puissants, qui unissent ma destinée à celle d'un autre! Un homme m'a sauvé la vie; cette existence qu'il me rendait, j'ai voulu la lui vouer toute entière; j'ai reporté sur lui toute la puissance d'aimer qu'Allah avait mise en moi. Enfin, il est tout pour moi, cet homme... mon bonheur, c'est de le voir heureux... mon orgueil, de l'entendre m'appeler son ami! — Maintenant, tu me connais : adieu... je vais chercher un autre gîte. (*Il s'éloigne.*)

DIÉGO.

Il a du cœur, ce payen-là!

MIGUEL, *à Diégo.*

Vous le laissez partir? (*à Antonio.*) Seigneur étranger!

ANTONIO, *revenant.*

Quoi encore? finissons. (1).

MIGUEL.

Un mot... mon cousin (nous sommes cousins), ne sait ce qu'il dit!...

DIÉGO.

Maître Miguel!

MIGUEL, *à Antonio.*

Son ignorance est cause de ce mal-entendu... la façon fraternelle dont vous l'avez traité l'a choqué!.. que voulez-vous, il ignore le trait caractéristique des langues orientales... (*Se tournant vers Diégo.*) Mais Monsieur ne parlerait pas autrement au chef de sa tribu.

ANTONIO.

Imbécille !

DIÉGO, *à Miguel.*

C'est pour vous! (*à Antonio.*) J'ai eu tort, c'est vrai... si vous le désirez je vais vous montrer une chambre!

ANTONIO.

Où est-elle? (*Diégo ouvre la porte de la deuxième chambre du premier plan.*)

MIGUEL, *seul.*

Imbécille!... oh! c'est pour mon cousin!

DIÉGO.

Certainement c'est pour... mon cousin... ah! que voulez-vous? il vous traite en chef de tribu. (*à Antonio qui reparaît.*) (2). Eh bien! vous plaît-elle? (*à Miguel.*) Merci, cousin, sans vous je perdais deux voyageurs. (*Miguel sort, il se croise avec Camoëns.*)

(1) Diégo, Miguel, Antonio.
(2) Miguel, Diégo, Antonio.

SCÈNE V.

CAMOENS, DIÉGO, ANTONIO.

CAMOENS, *se parlant à lui-même.*

C'est Catherine!.. elle aimait, je me le rappelle, à venir prier dans cette église de Santa-Anna. La foule nous a séparés, impossible de retrouver!.. (*à Antonio.*) Eh bien, Antonio, tu as fait seul ton premier pas dans le monde civilisé. (*à Diégo.*) Vous êtes-vous entendus, notre hôte?

DIÉGO.

Parfaitement... le temps de réparer un petit désordre et je vous remets la clef...

CAMOENS.

De nos appartements!.. un lit et deux escabeaux! n'est-ce pas!

DIEGO.

Voilà un joyeux compagnon! (*Il va au fond, puis revient.*) ah! j'oubliais, vos bagages?

CAMOENS, *embarrassé.*

Nos bagages? (*à part*) Pour qui nous prend-il?

DIÉGO.

Les enverrai-je chercher?..

CAMOENS.

Cela ne presse pas. (*à part.*) Et pour cause.

DIÉGO, *à Antonio.*

Sans rancune! (*Il sort.*)

SCÈNE VI.

CAMOENS, ANTONIO.

CAMOENS.

Des bagages, à l'enfant prodigue! (*Avec élan.*) Dieu soit loué, nous voici à Lisbonne, enfin! (*Allant à la fenêtre du fond.*) Salut ma vieille et ma grande ville!.. me voilà revenu après trois ans d'exil, plus pauvre et plus poète que jamais... vous m'avez sans doute oublié, marâtre!.. tandis que moi je n'ai cessé de pleurer la patrie absente...(*Rêveur.*) C'est que vous renfermez un trésor que Camoëns paierait de ses jours... elle est là, ai-je seulement gardé une place dans son souvenir!... oh! si jamais!.. tu me regardes, Antonio, et tu me trouves bien fou!

ANTONIO.

Non, je vous comprends.

CAMOENS.

En vérité, quand je me surprends à rêver bonheur, moi, Camoëns... je ne puis m'empêcher de rire!

ANTONIO.

Pourquoi?

CAMOENS, *s'appuyant sur l'épaule d'Antonio.*

J'ai passablement voyagé, et je ne l'ai jamais rencontré, j'arrivais toujours comme il venait de partir!

ANTONIO.

Qui sait? peut-être vous rejoindrez-vous ici!

CAMOENS.

Ensuite, vois-tu cette maudite tête, Antonio, je n'ai pu de ma vie y faire entrer une idée de calcul et de prévoyance!.. en revanche, l'indépendance et la folie sont venues d'elles-mêmes s'y loger; heureux si pour prix de mon hospitalité, ces blondes compagnes ne me mènent pas mourir à l'hôpital!

ANTONIO.

Je n'aime pas à vous entendre parler ainsi.

CAMOENS.

Tu as tort d'avoir peur de ce mot! l'hôpital est une grande et belle demeure presqu'aussi spacieuse que celle de notre jeune roi Sébastien... et crois-moi, de ces deux nécessités, l'hôpital et la cour, l'hôpital n'est peut-être pas la plus triste! n'importe, j'aime Lisbonne; mais c'est l'exil pour moi; si ton dévouement te devenait fatal!

ANTONIO.

Antonio restera près de vous jusqu'à ce qu'il meure, à moins que vous ne le chassiez!

CAMOENS.

Tu prends là une rude tâche, mon Javanais!

ANTONIO.

Que n'avez-vous besoin de mon sang, et sur l'heure!..

CAMOENS.

Allons... si j'ai de nombreux ennemis à Lisbonne, j'y aurai du moins un ami.

ANTONIO.

Des ennemis!.. vous me les ferez connaître?

CAMOENS.

Oui, oui, un ministre et un cardinal à qui j'ai dit de dures vérités... ce sont eux qui demandèrent mon exil... ils auraient demandé ma tête, s'ils l'eussent osé!..

ANTONIO.

Ces chrétiens sont d'une charité.

CAMOENS.

Mon retour va réveiller toutes ces haines.

ANTONIO.

Qu'elles se réveillent... nous ne les craignons pas!..

CAMOENS.

Te voilà bien, mon lion! ah! cela, pas de folies!.. nous ne sommes plus aux Indes! (*Une cloche tinte.*) Ah! écoute! ce n'est pas l'heure. L'angelus, sans doute?.. cette cloche, toujours cette cloche! de quoi vient-elle m'avertir?.. Antonio, il faut que je te dise cela. Cette cloche de Santa-Anna sait ma vie, elle pourrait la raconter. Elle sonna en même temps les funérailles de la mère et la naissance du fils. Ce fut elle qui annonça que l'âme d'une sainte montait vers Dieu et que l'eau du baptême faisait un chrétien de plus. Voilà pour l'enfant. Pour l'homme, elle ne l'abandonna pas. Deux fois exilé, deux fois cette cloche a salué mon départ... le rivage fuyait, Lisbonne disparaissait à l'horizon... un dernier bruit révélateur d'une ville lointaine, glissait jusqu'à moi, c'était cette cloche qui semblait charger l'air de m'apporter un dernier adieu. Ce soir, quand sur le pont du navire, nous cherchions la cité dans l'ombre, un son a frappé notre oreille ; tu le reconnais... ainsi, mes joies et mes douleurs, cette cloche les a toutes marquées. (*La cloche cesse de sonner.*) Elle sonnera peut-être la mort de Camoëns !

ANTONIO.

Toujours le même !...... Me rendrai-je chez le seigneur Fernand ?

CAMOENS.

Oui, parbleu ! il m'en voudrait si je tardais d'une heure à le prévenir de mon arrivée... ah! Antonio !

ANTONIO.

Maître !

CAMOENS.

Une chose importante. Pour tout le monde, pour Fernand lui-même, le plus profond silence sur notre dénûment. Si le malheur nous poursuit, nous verrons !

ANTONIO.

C'est bien maître, vous serez obéi.

CAMOENS.

Va, et reviens vite.

SCÈNE VII.

CAMOENS *seul, il suit Antonio des yeux.*

Ah ! l'Occident ne fait pas d'hommes de cette trempe, ou c'est par mégarde ! et encore, meurent-ils jeunes ceux-là... Vive Dieu! une ère nouvelle s'ouvre devant moi! Comment le sort va-t-il me traiter? J'ai mes plans, on a toujours ses plans ! ce sont les moyens qui me font faute, les moyens vainqueurs : j'ai bien une ressource, les dettes ; mais c'est courir au naufrage, et j'en ai déjà tant fait... sur mer et sur terre !.... ah!

SCÈNE VIII.

CAMOENS, DIEGO.

DIÉGO.

Seigneur, votre chambre est prête.

CAMOENS.

Bien, mon brave ; si quelqu'un te demande Luiz de Camoëns, c'est moi !

DIÉGO.

Pardon !.. l'auteur de cette fameuse chanson. (*Chantant*) :

« Pour le malheur du Portugal.
« Un ministre, un vieux cardinal.

CAMOENS, *riant.*

Tais-toi, malheureux !...

DIEGO.

Oui, elle est défendue et ils vous l'ont fait payer cher ! ah! vous êtes Camoëns! tant mieux ! je suis fier de vous recevoir... je vous aimais sans vous connaître. Vous êtes chez vous ici, et si l'occasion se présente jamais où je puisse vous être utile, ordonnez, seigneur !

CAMOENS.

Merci, mon ami. Tu ne sais pas le bien que me fait cet accueil. Merci. (*A part.*) Il méritait un meilleur locataire.

SCÈNE IX.

DIÉGO.

Dès demain, je descends le soleil qui me sert d'enseigne : je veux voir à sa place, avant deux jours, le portrait de Camoëns avec ces mots ! *Au prince des poëtes! ça le flattera! (Allant écouter à la seconde porte à droite.)* Où en sont-ils, ceux-là... toujours enfermés... Bon ! voici mon écouteur aux portes qui revient avec un étranger ; et moi qui ai loué sa chambre : qu'il s'arrange, je n'irai pas pour lui congédier Camoëns. (*Il sort par la gauche.*)

SCÈNE X.

LE ROI, FERNAND.

FERNAND.

C'est ici !

LE ROI.

Dans ce bouge?... si je ne te connaissais, je croirais que tu m'as attiré dans un repaire de bandits.

FERNAND.

Il s'en réunit en effet deux, là.

LE ROI, *souriant.*

Tu veux donc absolument qu'on me trahisse, entêté? Ton dévouement t'aveugle, mon cher !

FERNAND.

L'accusation que je porte contre le duc de Soria, ne repose pas sur de simples soupçons... sur de vagues conjectures... J'ai vu, j'ai entendu... vous allez voir et entendre.

LE ROI, *fort occupé à la fenêtre du fond.*

Tu es fou!

FERNAND.

Vous connaissez l'inimitié jalouse qui existe entre M. de Soria et le cardinal votre oncle... Le duc désespéré de voir la régence lui échapper pour tomber aux mains de son ennemi, s'est vendu à l'Espagne.

LE ROI.

Où diable vas-tu chercher tout cela, Fernand, laissons-là les complots, je te prie. Tu deviens monotone à périr depuis que tu t'occupes d'affaires sérieuses. Songes-y, mon joyeux compagnon, c'est notre avant-dernière nuit à Lisbonne.

FERNAND.

C'est pour cela, sire, que je vous supplie de m'écouter. Votre départ livre votre royaume à un vieillard sans force, sans popularité.

LE ROI, *toujours distrait.*

En vérité, penses-tu que j'aie consenti à te suivre pour faire l'office d'alcade, non, non ; j'ai songé seulement, je te l'avoue, que de la taverne de Diégo je pourrais, sans craindre les fâcheux, attendre le signal qui doit éclairer cette fenêtre... (*Il indique la fenêtre d'une maison sur le port.*)

FERNAND.

Un dernier mot, sire !

LE ROI.

Ah! pour Dieu, dis-le vite : grâce à toi je suis dans le cas de répondre politique à mon infante quand elle me parlera d'amour... de la glace sur du feu !

FERNAND, *pliant le genou.*

Sire, si dans trois mois, au retour de l'expédition, vous trouvez les portes de votre capitale fermées, rappelez-vous que je me suis agenouillé devant vous.

LE ROI.

Ah! debout! je voudrais être à cent lieues d'ici ; mais pour en finir je veux bien me prêter à cette insigne folie.... Voyons, hâte-toi, je ne reste pas une seconde après l'apparition de ma lumière... qu'exiges-tu ?

FERNAND.

De cette chambre, (*il montre la pièce où est entré Camoëns*) on entend tout ce qui se dit dans cette autre ; (*il indique la chambre de l'homme au manteau*) voici comment : — Dans une porte, masquée de ce côté, par un meuble, s'ouvre un juda !

LE ROI.

Tu as juré de me faire damner !

FERNAND.

Ce juda une fois ouvert, les paroles arrivent claires et distinctes.... c'est par ce moyen que j'ai découvert ce qui se trame contre vous... Venez, sire, et bientôt vous ne douterez plus ! (*Il veut ouvrir.*) Fermée !

LE ROI.

Tant mieux !

FERNAND, *appelant.*

Diégo !

DIÉGO, *entrant.*

Seigneur ! (1).

FERNAND.

Pourquoi cette porte est-elle fermée ?

DIÉGO.

J'ai loué cette chambre.

FERNAND.

Il me la faut à l'instant.

(1) Le Roi, Diégo, Fernand.

DIÉGO.

Mais...

FERNAND.

Obéis, malheureux!.... Echouer contre un pareil obstacle ! (*Diégo entre chez Camoëns et reparaît bientôt avec lui.*)

CAMOËNS, *à Diégo.*

Je vais leur parler !... Fernand !

FERNAND.

Camoëns ! (1).

DIÉGO.

Ils se connaissent!... ((*Il sort à gauche.*)

FERNAND.

Tout n'est pas perdu !

SCÈNE XI.

LE ROI, FERNAND, CAMOENS.

CAMOËNS, *à Fernand.*

Tu as vu Antonio ?

FERNAND.

Non. (*Au roi qui s'est rapproché.*) Sire, je vous présente Luiz de Camoëns.

CAMOËNS.

Le roi !...

LE ROI.

Je suis heureux, monsieur, de connaître enfin l'auteur de si charmants sonnets ; l'auteur des Lusiades, ce poème national !

CAMOËNS.

Sire, vous avez daigné jeter les yeux.

LE ROI.

Quoi donc! vos vers sont dans toutes les mémoires, et moi seul, le roi, je ne connaîtrais pas ce livre qui raconte nos gloires?... vous n'y pensez pas, cher poète !

FERNAND, *impatient.*

Que de temps perdu !

LE ROI.

Vous avez choisi là une demeure bien modeste !

CAMOËNS, *gaîment.*

J'ai voulu revoir Lisbonne incognito.

LE ROI.

Ce n'est pas ainsi que vous devez y rentrer, Camoëns ; je vous attends demain... je veux que devant ma cour vous me présentiez un manuscrit de votre poème.

CAMOËNS.

Vous êtes grand et généreux, sire! (2).

LE ROI, *à Fernand.*

Tu le vois, tes amis sont les miens... (*Il va s'accouder à la fenêtre.*)

FERNAND.

Sire, merci ; mais, n'oubliez pas...

LE ROI.

Une autre fois...

FERNAND, *à Camoëns.*

Que n'es-tu arrivé deux heures plus tard !

(1) Le Roi, Fernand, Camoëns, Diégo.
(2) Fernand, le Roi, Camoëns.

CAMOENS.

Comment?

LE ROI,

Ah, la lumière enfin ! (*à Fernand qui veut le retenir.*) On m'appelle... demeure... à demain, dom Luiz..

(*Il sort.*)

CAMOENS, *saluant.*

Sire.

FERNAND, *suivant le roi des yeux.*

Sébastien, puisses-tu ne pas avoir à te repentir un jour de négliger ton trône pour une maîtresse !

SCENE XII.

FERNAND, CAMOENS.

CAMOENS.

Hâtez-vous donc de faire quelques mille lieues pour recevoir un pareil accueil !... ça, quel jeu jouons-nous ? mais avant tout, ta main : car, maintenant qu'il n'y a plus de royauté entre nous, le cœur peut s'épancher librement. Es-tu toujours mon ami comme je suis le tien ?

FERNAND.

Que nous sommes-nous juré en nous séparant ?

CAMOENS.

Amitié éternelle...

FERNAND.

Sommes-nous gens de parole ?

CAMOENS

Je le crois.

FERNAND.

Vivons-nous ?

CAMOENS.

Que t'en semble ?

FERNAND.

Tu vois-donc bien que ta question est ridicule.

CAMOENS.

Passons.

FERNAND, *à part.*

Il ne faut pas que le duc m'aperçoive ici. (*haut.*) Camoëns, tu ne peux rester dans cette taverne, c'est une plaisanterie !

CAMOENS.

Non pas... tu mais... j'ai mes bizarreries.

FERNAND.

Viens, te dis-je.

CAMOENS,

Où cela ?

FERNAND.

Chez moi.

CAMOENS.

Nous sommes parfaitement dans cette salle.

FERNAND.

Alors, au revoir; car, si tu ne veux me suivre, il faut que je parte seul.

CAMOENS.

Tu ne t'en iras pas, qui te presse ?... causons, un peu que diable ! dis-moi, je vous ai dérangés, tout-à-l'heure.

FERNAND.

Un peu...

CAMOENS.

Que voulais-tu faire de cette chambre ?

FERNAND.

Je ne puis te le dire...

CAMOENS.

Garde ton secret... Mais voyons, puisque j'ai l'honneur d'aller à la cour demain, mets-moi au courant de ce qui s'y passe... je ne veux pas avoir l'air de revenir d'outre-tombe. Je ne te demande pas si tu es toujours en faveur : don Sébastien n'a pas d'autre Pylade, mais ta belle cousine ?

FERNAND.

La famille t'intéresse.

CAMOENS.

Beaucoup... a-t-elle quelque fois parlé du pauvre exilé ?

FERNAND.

Sans doute ; mais que t'importe ?

CAMOENS.

Oublies-tu que je l'aimais passionnément ?

FERNAND.

Il y a trois ans,

CAMOENS.

Je l'aime encore.

FERNAND.

Toi, tu l'aimes encore ?

CAMOENS.

Oui, plus je me suis éloigné d'elle, plus j'ai senti cet amour pénétrer là, si profondément, que je ne pourrais l'en arracher sans arracher mon cœur avec lui. Explique cette passion comme tu voudras... elle existe... pour toute autre chose, tu retrouveras le Camoëns d'autre fois... le Camoëns changeant ! mais pour cet amour il est devenu ma vie, et celui qui viendrait me dire : Catherine vous a oublié...

FERNAND.

Plus bas, plus bas !..

CAMOENS.

Catherine en aime un autre ; celui-là me tuerait, Fernand !

FERNAND, *s'oubliant.*

Mais, ce serait affreux...

CAMOENS.

Quoi !.. achève !..

FERNAND.

Ne m'interroge pas.

CAMOENS.

Hein !.. Catherine est mariée ?..

FERNAND.

S'il était vrai, que ferais-tu ?

CAMOENS, *avec force.*

C'est bien, adieu !..

FERNAND.

Tu es fou, Camoëns... on veut seulement marier Catherine!

CAMOENS.

Est-ce vrai?.. Elle n'est pas mariée?... Qui doit-elle épouser?.. son nom, tout de suite!..

FERNAND.

Monsieur de Soria!

CAMOENS.

Lui!.. Dieu juste!..

FERNAND, *à part.*

Le premier coup est porté...

CAMOENS.

Il m'a pris ma liberté, et maintenant, il veut m'enlever Catherine!.. Ah! cette fois, duc!..

FERNAND.

Avant de nous séparer, jure-moi de ne pas aller trouver M. de Soria! ce serait vouloir tout perdre.

CAMOENS.

Je t'en donne ma parole.

FERNAND.

J'y compte... à bientôt.

CAMOENS.

Adieu.

FERNAND, *à part.*

Cousin, vous me payerez cher tout ceci.

SCÈNE XIII.

CAMOENS, *puis* MIGUEL.

CAMOENS.

Catherine, il était temps! j'ai le roi pour moi... Mais, j'y songe, pour me présenter demain à la cour je n'ai que ce pourpoint... mon unique!.. (*d'un air déterminé.*) Bah! la cour du roi Hérode, valait bien, pour son temps, celle de Sébastien, et Jean le Précurseur y vint annoncer le Messie en peau de mouton!

(*Miguel entre.*)

MIGUEL, *d'un air inquiet.*

Je ne vois pas Diégo! (1).

CAMOENS.

Quel est cet homme? Eh, parbleu! c'est le drapier Miguel, un de mes anciens fournisseurs!.. quelle idée! dieu des juifs, inspire-moi... (*saluant.*) Maître Miguel...

MIGUEL.

Je n'ai pas l'honneur...

CAMOENS.

Vous ne me reconnaissez pas?

MIGUEL.

Est-il possible, le seigneur Camoëns!

CAMOENS.

Lui-même.

MIGUEL.

(1) Miguel, Camoëns.

On disait que vous aviez perdu la vie à Centa!

CAMOENS, *saluant.*

Un œil seulement!

MIGUEL.

Tant mieux.

CAMOENS.

Et mes ennemis disent encore que je n'ai rien d'Homère! les aveugles!

MIGUEL.

Puisque vous voici, monsieur de Camoëns, nous avons un vieux petit compte à régler,

CAMOENS, *à part.*

Ah! je m'adresse bien! l'Arabe a déjà le cœur cuirassé d'une créance!.. nous en causerons... Maître Miguel, je vais demain à la cour.

MIGUEL.

En vérité?..

CAMOENS.

J'avais pensé à vous tout d'abord pour me fournir un pourpoint.

MIGUEL.

Seigneur, j'ai confiance, mais le vieux petit compte?

CAMOENS, *continuant!.*

Je voudrais un habit à la hauteur de la situation... quelque chose qui nous fasse honneur à tous deux, vous comprenez.

MIGUEL.

Je comprends bien!.. vous voulez du magnifique. Je vois d'ici ce qu'il vous faut.... mais le vieux petit compte?

CAMOENS.

Eh parbleu! je vous offre un moyen de le rajeunir votre vieux petit compte!

MIGUEL.

Voyons, combien me donneriez-vous comptant.

CAMOENS.

Comptant?..

MIGUEL.

Oui...

CAMOENS, *à part.*

Diable!.. je n'ai que quinze crusades. (*haut.*) Dix crusades, maître!

MIGUEL.

Vous voulez rire!

CAMOENS.

Attendez donc! combien estimez-vous votre pourpoint?

MIGUEL.

Trente crusades, au moins.

CAMOENS.

Je vous ferai un billet de quarante, c'est honnête.

MIGUEL.

Est-ce sûr?

CAMOENS, *fièrement.*

Douteriez-vous, maître Miguel?..

MIGUEL, *à part, pendant que Camoëns compte ses dix crusades.*

Si je lui passais ce pourpoint que le comte Réal m'a cédé la semaine dernière à cent pour cent de perte... En l'arrangeant un peu, il lui irait à merveille, et je ne m'expose qu'à gagner...

CAMOENS.

Eh bien!..

MIGUEL.

Donnez-moi vos dix crusades.

CAMOENS.

Tiens tigre, prends, et va-t'en vite.

MIGUEL.

Demain vous aurez votre pourpoint. . tenez prêt le billet en question...

CAMOENS.

Il le sera.

MIGUEL, *sur le seuil.*

Vous ne serez pas un deuxième voyage aux Indes avant l'échéance ?

CAMOENS.

De l'esprit!.. ce n'était pas dans notre marché, maître Miguel.

SCÈNE XIV.

CAMOENS.

J'aurai un pourpoint, Dieu sait ce qu'il me coûte , mais je n'y veux pas songer (*en ce moment Soria et Torello traversent au fond.*)

TORELLO.

A demain dans la nuit.

CAMOENS , *qui rentre chez lui , les aperçoit et répète.*

A demain dans la nuit.

LE DUC DE SORIA.

Camoëns!

(*Il disparaît.*)

CAMOENS.

Monsieur De Soria.

FIN DU PREMIER ACTE.

DEUXIÈME ACTE.

Le théâtre représente une salle du palais. Grande porte au fond, donnant sur une galerie. Portes latérales. A gauche, un fauteuil sur une estrade.

SCENE PREMIERE.

DE SORIA, *seul; au lever du rideau il est assis à gauche ; après un silence il se lève.*

Ah! c'est une entreprise hardie, que celle où je me suis engagé! et quand je songe à ce que j'étais en droit d'attendre, sans m'exposer aux chances d'une trahison, si la régence m'était échue!.. Une régence peut mener loin, quand un roi jeune, ardent, va combattre, sans rien laisser derrière lui, rien! qu'un trône vide! . Il y avait là de quoi satisfaire le plus ambitieux! et qui m'a-t-on préféré! un cardinal Henry! Il n'y faut plus penser. Philippe II, d'ailleurs, a ma parole, et j'ai la sienne... Je serai vice-roi... c'est un beau titre... qu'un mot de moins peut faire encore plus beau!... Monsieur de Torello.

SCENE II.

SORIA, TORELLO.

TORELLO.

Eh! bien, monsieur le duc, rien n'est changé, n'est-ce pas?

SORIA.

Rien.

TORELLO.

Le roi doit toujours quitter Lisbonne demain.

SORIA.

Toujours.

TORELLO.

Tout réussit selon mes désirs. Honneur à vous, Monsieur...

SORIA.

Point de compliments, Monsieur, la gloire de tout ceci revient au cardinal; sans lui, peut-être, Sébastien n'eût point songé à porter secours au schérif Mahamet.

TORELLO.

Sans doute, mais point de guerre, point d'absence du roi, partant pas de régence.

SORIA.

Et il voulait être régent.

TORELLO.

Vous serez vice-roi, monsieur le duc.

SORIA.

Avez-vous reçu des nouvelles de l'Escurial.

TORELLO.

Le courrier n'arrivera que cette nuit, vous me trouverez à la taverne du port.

SORIA.

Il n'est peut-être plus prudent de nous voir dans ce lieu.

TORELLO.

Aurait-on découvert?

SORIA.

Hier, j'ai aperçu dans la salle basse de l'hôtellerie un homme qui me connaît. Il ne m'a pas vu; mais comme il pourrait se faire qu'il logeât dans cette maison, nous ne pouvons nous exposer à le rencontrer de nouveau.

TORELLO.

Quel parti prendre?

SORIA, *réfléchissant.*

Chez moi, il n'y faut pas songer... à toute heure le roi peut s'y présenter. Ne changeons rien pourtant à nos dispositions accoutumées. J'ai chargé l'un des miens de s'informer si cet homme habite chez le tavernier Diégo. S'il y demeure, nous aviserons un autre endroit; nous nous reverrons d'ici minuit.

TORELLO.

Je m'en remets à votre prudence... Le roi fait ce soir ses adieux à la cour; je viendrai prendre congé de son altesse.

(*Camoëns paraît au fond, il est magnifiquement vêtu.*)

SORIA, *à part.*

Camoëns! je l'attendais... (*à Torello.*) Veuillez me pardonner si je ne vous accompagne pas. Voici quelqu'un à qui je veux parler avant de me rendre au conseil.

(*MM. de Soria et de Torello remontent la scène à gauche, Camoëns la descend à droite.*)

CAMOËNS.

C'est monsieur de Soria avec qui parle-t-il... J'ai déjà vu cet homme... hier, je crois, chez Diégo... Ah! le duc revient!

***

SCÈNE III.

SORIA, CAMOËNS.

SORIA, *s'inclinant.*

Monsieur de Camoëns.

CAMOËNS, *de même.*

M. le duc.

SORIA.

Combien je me trouve heureux, Monsieur, d'être le premier à vous féliciter sur votre retour parmi nous.

CAMOËNS.

Je vous rends grâce, Monsieur.

SORIA.

Je ne vous demanderai pas, Monsieur, si les voyages, l'agitation des camps vous ont laissé le loisir de vous livrer à la poésie; vous vous êtes fait précéder à Lisbonne par une œuvre qui fait sensation, et qui prouve que vous êtes toujours un grand poète: recevez mes compliments...

CAMOËNS.

Et vous, Monsieur, vous êtes toujours premier ministre.

SORIA.

Toujours, Monsieur.

CAMOËNS.

Recevez mes sincères félicitations.

SORIA.

Formons donc des vœux pour que la Providence nous maintienne longtemps ce que nous sommes.

CAMOËNS.

La Providence.

SORIA.

Ce mot vous fait sourire.

CAMOËNS.

Je pensais que, comme ministre, il serait peut-être d'un meilleur effet pour vous d'adresser vos vœux au roi, Providence capricieuse, mais naturelle d'un ministre.

SORIA.

Et selon vous, quelle puissance protectrice les poètes invoqueront-ils?

CAMOËNS.

Les poètes ne relèvent que de Dieu... c'est plus sûr.

SORIA, *à part.*

N'oublions pas mon but. (*haut.*) Ah! vous allez trouver bien des figures nouvelles autour de notre prince, monsieur de Camoëns: ces dernières années ont été funestes aux gentilshommes, la mort a pris les uns, le mariage enlève les autres...

CAMOËNS, *à part.*

Je le devine. (*haut.*) Mais vous-même, monsieur le duc...

SORIA, *à part.*

Nous y voici.

CAMOËNS.

Vous devez. m'a-t-on dit, suivre le torrent...

SORIA, *surpris.*

On vous a dit...

CAMOËNS.

Que vous deviez vous marier.

SORIA.

Que je devais... Vous m'étonnez.

CAMOËNS.

M'aurait-on trompé?

SORIA.

Non, vous êtes parfaitement informé: — Mais, en vérité, Monsieur, en apprenant mes prétentions à la main de Catherine de Atayde ne fûtes-vous pas... surpris?

CAMOËNS.

Surpris? et pourquoi, Monsieur le duc?

SORIA, *à part.*

C'est étrange : Voyons encore. (*haut*) Vous êtes indulgent, Monsieur, pour ce que des jaloux ont appelé ma folie.

CAMOËNS, *à part.*

Je n'y tiens plus!

SORIA, *insistant.*

Auriez-vous, par hasard, laissé des amours à Lisbonne, M. de Camoëns, et songeriez-vous à faire comme moi?

CAMOËNS.

Qui sait? Et ce mariage — le vôtre, Monsieur — doit-il se célébrer bientôt?

SORIA.

Pourquoi me hâter?

CAMOËNS.

Il survient quelquefois des évènements.

SORIA.

Et que voulez-vous qu'il survienne?

CAMOËNS.

Vous n'êtes pas homme assurément à prendre une femme qui ne vous aimerait pas...

SORIA.

Est-ce une leçon de délicatesse que vous prétendez me donner, Monsieur? Je n'en reçois de personne, je vous en préviens.

CAMOËNS.

Parce que, sans doute, Monsieur, vous ne vous mettez jamais dans le cas d'en recevoir...

SORIA.

M. de Camoëns!...

CAMOËNS.

Monsieur le duc?.... Mais tenez, voici je crois, le moment venu de nous expliquer avec franchise.

SORIA, *à part.*

Où veut-il en venir?

CAMOËNS.

Depuis une heure, nous jouons une comédie qui me pèse.

SORIA.

A moi comme à vous, Monsieur.

CAMOËNS.

Duc! nous aimons la même femme...

SORIA.

Je ne vois là tout au plus qu'un malheur pour vous.

CAMOËNS, *reprenant avec force.*

Nous aimons la même femme... Et vous le savez bien, Monsieur. Votre empressement ne m'a pas trompé: vous m'attendiez sans doute; vous voulez savoir, n'est-ce pas, si j'oserai vous tenir tête dans cette nouvelle lutte? — Oui, Monsieur, je l'oserai, et, je vous le jure, je vous disputerai Catherine, jusqu'à la dernière goutte de mon sang.

SORIA, *raillant.*

Il est possible que vous m'ayez deviné, Monsieur. — Quoi qu'il en soit, je ne répondrai qu'un mot à tout ceci. Je ne pense pas que les choses en viennent jamais à cette extrémité, et je doute qu'il vous soit possible d'empêcher Catherine d'Atayde d'être duchesse de Soria.

CAMOËNS.

Nous verrons.

SORIA.

Soit. — Souvenez-vous seulement que si le seigneur Camoëns dépassait les bornes prescrites par les lois de l'honneur et de la galanterie, le premier ministre se verrait à regret contraint de renouveler l'acte rigoureux qui vous a frappé, il y a trois ans.

CAMOËNS.

Oh! je vous reconnais à ce mot, Monsieur. — Le temps n'est plus heureusement où un favori pouvait, à son gré, disposer de la liberté d'un homme. Le Portugal a fait un pas...

SORIA.

Ce que j'ai fait, je puis le faire encore.

CAMOËNS, *fièrement.*

Essayez. (*Il remonte la scène.*)

SORIA, *à part.*

Tu as raison. — Ce n'est point avec l'exil, le fer ou le poison, qu'on doit frapper ceux de ta nature. Il est une arme plus terrible : la parole! Il suffit pour vous renverser de viser fort et juste à votre orgueil géant; hommes de génie, j'y viserai. (*haut*) L'on dit, Monsieur, que vous présenterez aujourd'hui vos Lusiades à don Sébastien; bonne chance, M. de Camoëns. — Le conseil va entrer en séance, j'ai l'honneur de vous saluer.

SCÈNE IV.

CAMOËNS, *seul.*

CAMOËNS

Bonne chance, c'est-à-dire malheur et insuccès, n'est-ce pas? Oh! cette heure est la plus solennelle de ma vie. Ici va s'accomplir ma destinée. — Fortune, gloire, bonheur, cette journée va les assurer ou les détruire à jamais. Je tremble malgré moi; le sang-froid de ce duc m'a effrayé. Oh! l'amour de Catherine avant tout; mon Dieu, son amour! — Il faut absolument que je la voie, que je lui parle; mais comment?... Ah!...

(*Catherine entre par la droite; Camoëns va au devant d'elle. Ils descendent la scène ensemble.*)

SCÈNE V.

CAMOENS, CATHERINE.

CAMOËNS.

Catherine.

CATHERINE.

Camoëns !

CAMOENS.

Le plus cher, le plus ardent de mes vœux se réalise enfin, Catherine. Voilà trois ans que je demande à Dieu un pareil moment. Le savez-vous ?

CATHERINE.

Oui, trois ans ; j'ai compté les jours, moi aussi. — (*Avec inquiétude.*) Mais depuis quand êtes-vous ici ?

CAMOENS.

Depuis vingt-quatre heures à peine.

CATHERINE.

Vous avez vu Fernand ?

CAMOENS.

Oui, Catherine.

CATHERINE.

Et que vous a-t-il dit ?

CAMOENS.

Tout. — Il m'a tout dit, Catherine. — M. de Soria prétend à votre main, et je ne m'en effraie pas.

CATHERINE.

Oh ! mes pressentiments.

CAMOENS.

Car vous vous êtes souvenue de l'exilé...

CATHERINE.

Oui, Camoëns...

CAMOENS.

Oh ! tenez, hier en m'apprenant les projets de M. de Soria, Fernand m'a fait bien mal ; car au lieu de me parler franchement, sans détour, il a balbutié d'abord, puis il a voulu se taire. Alors une pensée affreuse m'a traversé l'esprit : j'ai cru que tout était fini, que tu étais mariée. — Vois-tu, un homme descendu vivant dans la tombe et qui ne pourrait rompre ses liens, pour prouver que son cœur bat encore, ne souffrirait pas plus que je n'ai souffert à cette heure.

CATHERINE, *dans le plus grand trouble.*

Assez, Camoëns, plus un mot ; c'est horrible !

CAMOENS.

Qu'as-tu donc ?

CATHERINE.

Rien, rien ; une prière seulement : Evitez le Duc, et laissez-moi m'éloigner.

CAMOENS.

Déjà, sans me rassurer...

CATHERINE.

Il peut venir...

CAMOENS.

Mais il est déjà venu ; nous nous sommes rencontrés.

CATHERINE.

Et il vous a parlé ?...

CAMOENS.

Sans doute. .

CATHERINE.

Dieu puissant !

CAMOENS.

Ce trouble n'est pas naturel, Catherine.... Explique-toi... Pourquoi craindre ce Duc, pourquoi l'éviter ?

CATHERINE, *d'une voix étouffée.*

Je suis sa femme !

CAMOENS, *la saisissant.*

Sa femme ! — Qu'as-tu dit...

CATHERINE.

Luiz...

CAMOENS.

Toi — mariée ! — à ce duc. — Songes-y, Catherine, ce serait le dernier coup.

CATHERINE.

C'est vrai...

CAMOENS.

Je vais douter de Dieu, je crois. — (*Rapidement et d'une voix étranglée.*) Je comprends le mensonge de Fernand, il voulait me sauver ; mais, lui, le duc, il s'est joué de moi ! Saints du ciel ! (*Revenant à Catherine.*) Voyons, je veux tout connaître, tout savoir, parle, n'oublie rien. — Le roi a-t-il trempé dans cette infamie ; car il y a là-dedans quelque infamie...

CATHERINE.

Le roi n'y est pour rien.

CAMOENS.

Mais alors de quelle ruse, de quelle violence, se sont-ils servis ?

CATHERINE.

Vous connaissez la reine-mère, don Luis, hautaine, inflexible, quand elle a décidé qu'une chose devait être, elle n'admet ni obstacles, ni impossibilité, eh ! bien ! j'ai subi le sort de tout ce qui l'entoure...

CAMOENS.

C'est elle qui t'a sacrifiée ?

CATHERINE.

Oui, un jour elle se rappela que j'étais sans famille, et elle me dit vous serez duchesse de Soria.

CAMOENS.

Et tu n'as pas résisté ?...

CATHERINE.

Si, j'ai résisté !... oh ! Camoëns j'ai fait tout ce qu'il est possible à une femme de tenter... j'ai avoué à cet homme que je ne l'aimais pas... que j'avais le cœur rempli d'un autre amour, et qu'ainsi il ne pouvait vouloir de moi, je n'ai pu lui arracher une parole, je me suis traînée à ses genoux comme une malheureuse... et devant mes supplications... il est resté de marbre ! il avait l'air de me prendre en pitié, voilà tout !....

CAMOENS.

Le misérable !

CATHERINE.

Fernand m'avait annoncé votre rappel, je me réfugiai dans ce dernier espoir, je crus me sauver en gagnant du temps... je demandai un mois... Camoëns me défendra ou je fuirai avec lui... c'était ma pensée... Vingt vaisseaux entrèrent dans le port et pas de nouvelles! jamais vous, jamais! une semaine me restait.. je me suspendis à chacun de ses jours; le dernier soir parut enfin! oh! ce fût un soir effroyable! j'étais sur cette terrasse d'où l'on découvre la mer dans son immensité!... elle était calme, unie, déserte!... à l'horizon, pas une voile!... rien! j'étais perdue!...

CAMOENS.

Oh! Catherine!...

CATHERINE.

Et maintenant Camoëns, pensez-vous que je ne sois pas bien à plaindre aussi. Pensez-vous que j'aie accepté sans désespoir, sans des regrets infinis, cette existence odieuse que l'on m'a faite!

CAMOENS.

Maudite soit cette reine qui, pour distraire sa vieillesse inoccupée: a brisé ta vie et m'a volé ton amour...

CATHERINE, *avec entraînement.*

Non, non... le cœur ne se vole pas, Camoëns! Mes sentiments n'ont pas changé avec mon nom. Ne savez-vous plus quelle femme je suis?

CAMOENS.

Ah! je connais ton âme, Catherine!

CATHERINE.

Tenez, mon ami, il faut nous montrer grands et courageux!... Je ne puis être ni votre femme ni votre maîtresse; mais, et que Dieu me pardonne ces paroles, je n'en suis pas moins à vous, par le cœur, à vous sans partage; nos âmes étaient unies avant qu'un prêtre mit ma main dans celle de M. de Soria, elles le seront toujours...

CAMOENS, *abattu.*

Oh! ne me suppose pas plus de courage que je n'en ai, Catherine. Pour moi du moins, cette vie de regrets, de luttes, est impossible, et je ne pourrai la supporter. La misère, la faim, toutes les douleurs ensemble, je les accepterais, plutôt que cette horrible idée de te savoir à un autre!

CATHERINE.

Pourquoi ne m'as-tu pas oubliée! (*Soria paraît au fond à gauche.*)

CAMOENS.

Tu ne penses pas ce que tu dis, Catherine.

SORIA, *à part, en s'approchant.*

Était-ce un rendez-vous! Déjà...

CATHERINE.

M. de Soria.

CAMOENS.

Le duc! Ah! c'est bien. (*Il fait un mouvement vers le duc.*)

CATHERINE, *l'arrêtant.*

Camoëns, sois calme, où je me perds à tes yeux.

SCÈNE VI.

CAMOENS, SORIA, CATHERINE.

SORIA, *à Catherine.*

Le hazard nous a favorisé, madame, j'ai déjà eu le plaisir de rencontrer le seigneur Camoëns dans cette galerie, ainsi que moi, sans doute, vous l'avez complimenté...

CAMOENS.

Lorsque vous êtes entré, M. le duc, je venais de déposer mes hommages aux pieds de madame.

SORIA.

En vérité!... s'il en est ainsi, peut-être ignorez-vous encore. (*Prenant la main de Catherine.*) Souffrez que je vous présente madame la duchesse de Soria...

CATHERINE, *à part.*

Ah! mon Dieu!

SORIA, *à Camoëns.*

Persistez-vous, monsieur, à me disputer la main de ma femme?

CAMOENS.

Ne raillez pas, duc!

CATHERINE, *bas.*

Je tremble!

CAMOENS, *à part.*

Pourquoi Catherine est-elle là?...

CATHERINE, *saluant.*

Monsieur de Camoëns!

CAMOENS, *s'inclinant.*

Madame!

SORIA.

Vous nous quittez, duchesse?...

CATHERINE.

Oui.. voulez-vous m'accompagner, M. le duc?...

SORIA, *gaîmment.*

Volontiers, madame.

CATHERINE, *à part.*

Ils ne resteront pas seuls!

SORIA, *à Camoëns.*

A bientôt, seigneur. (*à Catherine.*) Car vous ne savez pas, madame, M. de Camoëns est en quelque sorte le héros de cette soirée. Le roi prépare au poète un triomphe digne de sa renommée... je vais vous conter tout cela, venez... (*Ils sortent à gauche.*)

SCÈNE VII.

CAMOENS, *puis* ANTONIO.

CAMOENS.

J'étouffais! oh! je le retrouverai; la journée n'est pas finie!... (*Antonio entre.*) Ah! te voilà, mon ami! eh bien! comment me trouves-tu?... Miguel ne m'a pas trop maltraité, que t'en semble? Voyons, n'attristons pas ce

superbe pourpoint. On a été dans son temps
le plus élégant gentilhomme de Lisbonne, qu'on
s'en souvienne !... Je me sens sur mon terrain
ici... Dis, Antonio, à me voir resplendissant
et magnifique, le sourire aux lèvres... devine-
rait-on jamais le plus gueux des cavaliers de
la Péninsule ?...

ANTONIO.

Vous essayez d'étourdir votre pensée, maître !

CAMOENS.

Ah ! j'ai pris mes mesures pour ne pas inspirer de pitié... je me suis caparaçonné comme
un cheval de montre... quant à de la gaîté,
j'en aurai. (*Se dirigeant vers la fenêtre.*) Je
veux paraître aussi triomphant que ce bouffon
en guenilles qui fait rire la foule aux éclats, en
grimaçant sur ses tréteaux. (*Devenant sombre.*)
Oh ! cet homme, je l'envie ! il a ses jours de
fête !... l'habit qui le couvre est à lui !... heureux l'histrion qui vit et meurt inaperçu sans
avoir eu l'ambition dérisoire d'illustrer son
nom.

ANTONIO.

Maître ! maître ! quelqu'un.

CAMOENS.

Oui, je m'oublie ! éloignons-nous. (*Ils sortent à gauche.*)

SCÈNE VIII.

LÉO, SAINT-POL, *ils entrent par le fond à
droite.*

LÉO, *suivant des yeux Camoëns.*

N'est-ce pas le comte Réal qui sort d'ici ?
non ! j'avais cru le reconnaître à son pourpoint. (*A St-Pol.*) Eh ! bien ! M. de Saint-Pol,
que vous semble de notre mignonne cour de
Portugal ? n'en emporterez-vous pas une trop
défavorable impression dans votre belle France ?

SAINT-POL.

Non, monsieur, mon séjour à Lisbonne me
laissera un gracieux souvenir.

LÉO.

Franchement.

SAINT-POL.

Franchement,

LÉO.

J'en suis ravi ; les Français ont le droit d'ê-
tre difficiles... votre Paris a tant de charmes !

SAINT-POL.

Oui, vu de Lisbonne.

LÉO.

Ah ! vicomte, priez Dieu que ce trait ne
passe pas les Pyrénées. (*Réal paraît.*) Cette
fois, c'est bien Réal.

SCÈNE IX.

LÉO, RÉAL, SAINT-POL.

RÉAL, *jeu de fat.*

Vrai Dieu, messieurs, aurais-je assez de
malheur pour ressembler à quelqu'un ? (*A Léo.*)
Cette fois, c'est bien Réal, dis-tu ; j'ai donc un
ménechme ? je ne suis pas le seul de mon
air ?... de ma tournure, on ne peut rien avoir
à soi... c'est désolant, de grâce, où est-il ce
second moi-même ?... (*Il remonte le théâtre.*)

SAINT-POL, *bas à Léo.*

Comment voulez-vous, cher comte, qu'on
ne regrette pas Lisbonne ? On ferait le tour du
monde sans rencontrer une semblable curio-
sité.

LÉO.

Oh ! c'est que ce cher Réal est le gentilhomme le plus accompli ! toujours à la mode
de demain !...

RÉAL.

Tu me flattes, Léo ! il est vrai que j'ai
quelque réputation !

LÉO.

Tu règnes encore... seulement, comme la
personne que j'ai prise pour toi, avait un
pourpoint semblable à celui que tu portais la
semaine dernière, j'avais cru...

RÉAL.

Que c'était moi !... ah ! ah ! ah ! pauvre cher,
où donc avais-tu l'esprit !... mais il y a huit
siècles entre le Réal d'il y a huit jours et celui
de ce soir !... vois. (*Pirouettant.*) Celui-ci est
l'unique, je l'espère bien ; l'autre, on peut le
copier, c'est de l'histoire.

LÉO.

Tu es superbe !

RÉAL.

Ah ! ça : dites-donc Messieurs, que vient de
m'apprendre mon parent, le premier ministre ? Camoëns ce soir, à la cour !..

LÉO.

Certainement !

RÉAL.

Le connaissez-vous ?

LÉO.

Non.

RÉAL.

On lui prête quelque talent.

SAINT-POL.

Il a mieux que cela, Monsieur le comte.

RÉAL.

Il doit avoir l'air d'un sauvage, ce cher
poète.

LÉO.

Le roi, dit-on, en est fort enthousiasmé.

RÉAL.

Vous savez comment a pris ce bel enjoû-
ment ?

LÉO.

Raconte, tu es en verve.

RÉAL.

D'abord, avez-vous lu les Lusiades ?

LÉO.

Non.

RÉAL.

Je les ai parcourues, moi, je ne sais où, ni comment : c'était, je crois, dans la boutique d'un de mes fournisseurs, pendant que l'on me prenait mesure !

SAINT-POL, *à Léo.*

Si le pauvre poète était là.

LÉO.

C'est très divertissant.

RÉAL.

Oui le seigneur Camoëns a su captiver par ses chants les chastes épouses de nos bons bourgeois : elles pleurent, dans leurs comptoirs, sur la belle Inès de Castro et tremblent aux fureurs d'Adamastor.

LÉO.

Qu'est-ce que cela ?..

RÉAL.

Adamastor est un géant fort ridicule, de je ne sais combien de coudées, qui se plaint des rigueurs d'une nymphe enchanteresse, d'une taille de mortelle.

LÉO.

Le butor.

RÉAL.

Pour en finir avec ce livre, c'est le mélange le plus indécent du sacré et du profane. On y voit le dieu Mars discourant avec Dieu le fils, le seigneur Bacchus avec Notre-Dame la Vierge. Enfin, Vénus, aidée des conseils du Père Éternel et secondée des flèches de Cupidon, y rend les néréides amoureuses des Portugais. Voilà les Lusiades.

CAMOËNS, *au fond.*

Ils parlent de moi, Antonio !

LÉO.

Tu es sévère.

RÉAL.

J'aime mieux une chanson à boire.

SAINT-POL, *à part.*

Comme toujours la sottise déchirant le génie.

RÉAL.

Mais la plus précieuse partie de l'ouvrage est sans contredit celle où l'auteur fait du Roi l'éloge le plus poétique... je veux dire le plus extravagant. Fernand de Noronha, qui est le plus grand ami du poète, ouvrit, en homme habile, le livre à ce passage, et le mit sous les yeux de Sébastien, qui, transporté, ordonna le rappel immédiat du poète... voilà l'histoire..

SAINT-POL.

Oh !

RÉAL.

Je vous dirai entre nous que M. de Soria, mon oncle, m'a fait à peu-près entendre, tout-à-l'heure, que le Roi a voulu nous ménager une petite comédie, en se faisant présenter l'œuvre étrange du poète, soldat et courtisan.

SAINT-POL.

Comte, vous allez trop loin.

SCÈNE X.

LÉO, RÉAL, CAMOENS, ANTONIO, *au second plan,* SAINT-POL.

CAMOENS, *à Réal.*

Connaissez-vous Camoëns, Monsieur !

LÉO, *reconnaissant le pourpoint.*

Oh ! c'est mon homme !

RÉAL.

Dieu me damne, c'est mon pourpoint !

SAINT-POL, *bas, rapidement.*

Comte, n'en faites rien paraître... quelle humiliation !

RÉAL.

Ah ! ah ! c'est drôle !

CAMOENS.

Qu'ont-ils à me regarder, ces papillons de cour ? (*à Réal.*) Un mot !

RÉAL.

Ah ! ça, Monsieur, que peut-il y avoir de commun entre nous ?

CAMOENS.

Rien... seulement, je suis Camoëns...

TOUS.

Camoëns !

CAMOENS.

Oui, Camoëns ! et je vous demande raison. Non pas... comprenez-le bien, pour la spirituelle critique que vous avez bien voulu faire de mon livre. A tous appartient le droit de juger une œuvre, chacun selon ses moyens ; mais pour avoir attaqué l'honneur de l'homme ; ce qui ne vous est pas permis.

RÉAL.

Mais...

CAMOENS, *faisant mine d'ôter son gant.*

Ne refusez pas, Monsieur !

RÉAL.

Gardez votre gant, de grace, c'était une cérémonie usée déjà du temps de Jean II.

CAMOENS.

L'heure et le lieu ?

RÉAL.

Ce soir, cela n'est guère possible. Hein ? qu'en dites-vous ? eh ! bien, alors, demain, porte de Madrid, six heures.

CAMOENS.

Vous m'y trouverez, Monsieur.

RÉAL, *s'éloignant.*

Bonsoir, bonsoir, cher Monsieur; c'est égal, mon pourpoint lui sied à ravir.

(*Léo, Réal, Saint-Pol, remontent la scène. Fernand entre, Saint-Pol l'arrête et lui dit quelques mots.*)

CAMOËNS, *à Antonio.*

Eh bien! que dis-tu de notre civilisation?..

ANTONIO.

C'est hideux!

SCÈNE XI.

CAMOËNS, FERNAND, ANTONIO, LÉO, RÉAL, SAINT-POL, *au fond, à gauche.*

FERNAND.

Que me dit Saint-Pol... Camoëns, mon ami, un duel!...

CAMOËNS.

Ah! tu arrives bien...

FERNAND.

Que me voulais-tu?

CAMOËNS.

Hier tu m'as trompé... Tu ne sais pas ce dont tu as été cause!...

FERNAND.

J'espérais te revoir avant que tu ne vinsses ici... mais, encore une fois... ce duel! quel motif?

CAMOËNS.

Ah! si tu l'avais entendu!...

FERNAND.

Je sais ce dont il est capable... un parent de M. de Soria... cela dit tout.

CAMOËNS.

Il paiera pour tous! tu seras mon second.

UN PAGE.

Le roi!

FERNAND.

Ce moment va te dédommager.

SCÈNE XII.

LES MÊMES, TORELLO, LE ROI, SORIA, CATHERINE, LA COUR.

CAMOËNS.

Tu crois!... pauvre ami!.. Quel est ce personnage qui se tient à la gauche du roi?

FERNAND.

M. de Torello, l'ambassadeur d'Espagne.

CAMOËNS.

Si cela peut être utile à quelque chose, il a un rendez-vous, cette nuit, avec le duc, à la taverne où je demeure.

FERNAND.

Comment sais-tu?... Ah! duc, malheur à vous!

LE ROI, *aux seigneurs qui l'entourent.*

Songez, messieurs, que, demain, nous entrons en campagne: c'est notre dernière nuit à Lisbonne; tâchons de la passer joyeusement. (*A Torello.*) Mon jeune âge donne, m'a-t-on dit, des craintes à dom Philippe... rassurez-le, monsieur... dites-lui que vous avez vu autour de moi l'élite de la nation, gens de race, en compagnie desquels une défaite est impossible. (*Apercevant Camoëns*). Soyez le bien-venu, don Luis (1).

CAMOËNS, *s'avançant.*

Sire, d'après le désir que vous en avez exprimé, je viens vous prier d'agréer ce livre, écrit pour la gloire du Portugal et la vôtre!

LE ROI.

Nous voulons le recevoir de ces mains qui ont écrit de si belles choses.

CAMOËNS.

Sire, l'honneur que vous me faites...

LE ROI.

Je me reconnais votre débiteur, D. Luis; c'est une dette nationale. (*Se retournant vers les courtisans*). Messieurs, quel prix peut être digne d'un pareil chef-d'œuvre?

SORIA, *au roi.*

Toutes nos ressources nous sont nécessaires en ce moment, sire...

CATHERINE ET FERNAND.

Ah!

UNE VOIX.

L'instant est mal choisi.

UNE AUTRE VOIX.

Une pension...

UNE AUTRE VOIX.

Cinquante crusades.

CATHERINE.

Les infâmes! ils le tueront!!!

LE ROI, *indigné.*

Qu'est-ce à dire, messieurs?

CAMOËNS, *se dirigeant vers le duc.*

Ah! duc, sur moi vous lâchez votre meute!... Cinquante crusades!... les Lusiades!... cinquante crusades!... Je me fais le crieur!... Sire, pardonnez!...

LE ROI, *avec autorité.*

Continue!... continue!!

CATHERINE, *à part.*

Merci! Sébastien!...

CAMOËNS.

C'est une chose indigne; à faire pleurer de colère..... pendant quinze années j'ai erré d'exil en exil. Une pensée me soutenait; plus grande que les persécutions, les dominant, mon Christ! ils la mettent à l'encan... Cinquante crusades! vos seigneuries n'y songent pas!... il faut au moins payer mon temps. (*S'adressant à plusieurs.*) Voyons, duc d'Estramos, en

(1) Léo, Réal, Saint-Pol, Torello, de Soria, le Roi, Camoëns, Fernand, Antonio.

émondant un arbre mort de votre parc, vous paieriez ceci... Comte, dans votre palais plein d'or et de marbre, trouvez un meuble inutile à troquer contre ce livre! Non, tenez, rien... vous avez raison... une aumône! une aumône pour mon sang, pour ma vie; car ce livre, c'est moi tout entier : je l'ai disputé aux vagues... j'ai lutté contre l'Océan déchaîné pour lui arracher ces misérables feuilles!.. votre or, l'ai-je demandé?... qui m'a vu tendre la main?... Acheter mon livre! nul de vous n'est assez riche pour le payer : seul ici, c'est moi qui donne... (*Camoëns et Antonio sortent*).

(*Catherine s'est insensiblement rapprochée de Camoëns; quand il sort, elle fait un mouvement pour le suivre.*

FERNAND, *l'arrêtant.*

Prenez garde, on vous observe.

CATHERINE, *dans le plus grand trouble.*

Moi... mais je n'ai rien dit...

LE ROI, *il reste un moment immobile, puis il relève la tête.*

Et ceci sera de l'histoire!... (*Aux courtisans*). Ce que vous venez de faire est odieux, messieurs : le savez-vous? — Je voulais vous associer à un acte solennel de réparation et de justice, et c'est ainsi que vous me répondez? Vous traitez en mendiant le poète que je veux honorer! — Mais c'est là, en vérité, une action bien audacieuse et bien indigne!... Autrefois, quand un homme s'était élevé, par son génie, aux honneurs du triomphe; tandis que, sur un char, il parcourait la ville à travers un peuple idolâtre, un esclave marchait à ses côtés, qui l'accablait d'injures! Deux rôles vous étaient offerts! vous avez choisi celui de l'insulteur romain!!! Je ne chercherai pas la source de tout ceci, il en rejaillirait trop de honte pour beaucoup!... (*A la cour*). Allez, messieurs, que Dieu vous ait en sa garde! Quand le soleil se lèvera, nous prierons ensemble pour le salut de notre entreprise.

CATHERINE, *à part.*

Le roi a fait son devoir, c'est à moi à faire le mien.

FIN DU DEUXIÈME ACTE.

TROISIÈME ACTE.

La chambre de Camoëns, chez Diégo. Au fond, une fenêtre; à gauche, une porte donnant sur la salle commune; à droite, la porte du juda, masquée par une draperie. Une table et deux escabeaux.

SCÈNE PREMIÈRE.

CAMOENS, *assis*, DIEGO, ANTONIO.

DIÉGO, *bas à Antonio.*

Qu'a-t-il?

ANTONIO.

Silence! il souffre!

CAMOENS, *se levant brusquement.*

C'est décidé, pas un jour, pas une heure de plus sur cette terre funeste! va poursuis ta course, triste voyageur!.. l'exil a moins d'amertume pour toi, que la patrie!.. moi qui croyais me reposer enfin! les misérables!.. ils me feront aller mourir désespéré sous un ciel étranger!.. Oh! je voudrais avoir à lutter contre un danger... un incendie!.. que sais-je?.. pour ne pas entendre la tempête qui gronde au-dedans de moi!

DIÉGO.

Le malheureux!

ANTONIO.

Laisse-nous!

CAMOENS.

On étouffe ici... Antonio, ouvre cette fenêtre. (*apercevant Diégo.*) Que me voulez-vous? Diégo.

DIÉGO.

Moi! seigneur!

CAMOENS.

Eh! bien?..

DIÉGO.

Je venais...

CAMOENS.

Vous veniez réclamer ce que je vous dois, le prix de ce logement, c'est juste, quelle confiance peut inspirer un vagabond! .

DIÉGO.

A Dieu ne plaise, seigneur!... d'ailleurs, vous n'êtes ici que d'hier et vous ne me devez rien. Je suis trop heureux de recevoir un hôte tel que vous, ma maison n'a jamais eu pareil honneur : quand vous êtes rentré, je vous ai suivi pour m'assurer que rien ne vous manquait.

CAMOENS.

Alors, pardon, Diégo, je croyais...

DIÉGO.

Vous avez quelque sujet d'affliction, je le vois. (il va pour sortir.) Vous savez... au besoin, je suis là.

CAMOENS.

Reste, reste, mon ami, tu n'es pas de trop. Oui, j'ai un grand sujet d'affliction, n'est-ce pas, Antonio? mais l'estime d'un honnête homme rachète bien des mépris.

DIÉGO.

Des mépris! ils vous ont mal accueilli là-bas? tenez, excusez-moi, monsieur de Camoëns; mais nous autres, pauvres gens, nous valons mieux que les grands, quand il s'agit de cela : ici même, j'ai vu plus d'un pauvre diable pleurer, en écoutant un ami réciter vos vers... et pour ces larmes, voyez-vous, il vous eût donné sa vie si vous la lui eussiez demandée.

CAMOENS.

Oui, c'est ainsi : en mettant dans l'âme du peuple un instinct sublime, Dieu l'a élevé au niveau des plus grandes choses! C'est à lui seul qu'il faudrait s'adresser sans s'inquiéter des puissants de la terre, à qui toute gloire fait peur!.. Qu'un homme de génie se présente, ils le repoussent eux! ils le meurtrissent, jusqu'à ce qu'il tombe écrasé, quitte à le diviniser une fois mort!.. ah! les morts! tout pour eux!.. vivent les morts.

DIÉGO.

Au revoir, seigneur, bonne nuit!

CAMOENS.

Oh! cette nuit n'aura pas de sommeil pour moi, mon pauvre Diégo.

SCENE II.

CAMOENS, ANTONIO.

ANTONIO.

Vous n'essayerez pas de reposer?

CAMOENS.

C'est inutile... j'ai la tête renversée... d'ailleurs...

ANTONIO.

Qu'avez-vous décidé?

CAMOENS,

Je quitte Lisbonne!

ANTONIO.

Quitter Lisbonne?... où irons-nous, maître?..

CAMOENS.

Je n'ai pas dit : nous...

ANTONIO.

Comment?

CAMOENS.

Je pars seul!

ANTONIO.

Vous me laisseriez?

CAMOENS

Je le dois!

ANTONIO.

Je ne vous comprends pas. Et que deviendrai-je sans vous?.. c'est impossible!

CAMOENS.

Souviens-toi de Sylveira! ceux qui m'ont aimé n'ont pas vécu!

ANTONIO.

C'est pour cela... oh! je vous suivrai, malgré vous!..

CAMOENS.

N'as-tu pas assez de la misère qui m'accompagne!..

ANTONIO.

Que me font, avec vous, la soif et la faim?

CAMOENS.

Va-t'en, te dis-je, et laisse-moi.

ANTONIO.

Cessez de m'éprouver, maître, mon âme est à vous.

CAMOENS.

Etre admirable! tu me réconcilies avec l'humanité.

(Ils s'embrassent.)

ANTONIO.

Que ferons-nous, maintenant?

CAMOENS.

Il faut suivre le roi.

ANTONIO.

Le permettra-t-il?

CAMOENS.

Il faudra bien qu'il le veuille. Je ne me sens pas la force de demeurer à Lisbonne après ce qui s'est passé! il est des hommes devant lesquels il me serait impossible de garder mon sang-froid; ce serait une lutte de chaque jour, tandis que la guerre avec ses agitations et ses mêlées éteint bien des souvenirs. Ici, je ne vivrais pas un mois. Approuves-tu mon projet?

ANTONIO.

Oui, maître.

CAMOENS.

Quelle heure est-il?

ANTONIO.

Onze heures sonnaient comme nous rentrions.

CAMOENS.

Onze heures! cette nuit ne finira donc pas! que faire, pour attendre? (il marche à grands pas.) Je ne puis rester à me débattre entre ces murailles! Prépare tout pour ce départ. (souriant.) Ce ne sera pas long... Mais, j'y pense, je me bats avec le comte Réal! un parent de monsieur de Soria!.. ah! si c'était le duc lui-même!.. oh!.. Catherine! je m'efforce de ne pas songer à elle : tout m'y ramène... la reverrai-je?.. Fernand?..

SCÈNE III.

FERNAND, CAMOENS, ANTONIO, *au se-*
cond plan.

FERNAND.

Je devrais être ici depuis longtemps, n'est-
ce pas?

CAMOENS.

J'étais sûr que tu viendrais!

FERNAND.

J'étais mortellement inquiet, sais-tu... tu
es calme, c'est bien...

CAMOENS, *à demi-voix.*

Calme!...

FERNAND.

Je n'ai pas perdu mon temps, je te le jure...
j'ai travaillé pour toi... pour nous... ta cause
est la mienne.

CAMOENS.

Qu'as-tu fait?

FERNAND.

Tu le sauras bientôt. (*à Antonio.*) Antonio!

ANTONIO, *s'approchant.* (1).

Seigneur!

FERNAND.

Je ne sais où est Diégo... il ne peut être
loin, place-toi dans la salle d'entrée, et amè-
ne-le nous, dès qu'il paraîtra.

SCÈNE IV.

FERNAND, CAMOENS.

FERNAND.

Avant une heure, Camoëns, le roi sera
toi.

CAMOENS.

Le roi!

FERNAND.

Il y serait déjà sans le cardinal qui le re-
tient. J'ai voulu te prévenir et donner mes ordres à Diégo, pour n'avoir plus à m'occuper
de rien... plus tard... oh! tu verras d'étran-
ges choses.

(*Fernand va et vient, examine.*)

CAMOENS.

Cela commence bien, tu tournes dans cette
chambre comme un enfouisseur.

FERNAND, *avec intention.*

J'y ai peut-être un trésor aussi.

CAMOENS.

Serai-je acteur ou spectateur dans ce qui se
prépare?..

FERNAND.

L'un et l'autre... ne désires-tu pas être
vengé, Camoëns?..

CAMOENS.

Non...

(1) Antonio, Fernand, Camoëns.

FERNAND.

Tu as été terrible! tu les a foudroyés! ces
trafiquants!

CAMOENS, *avec ironie.*

Oui, j'ai convenablement sifflé et rugi.

FERNAND.

Ne raille pas... tu as souffert... tu souffres
encore! orgueilleux! Cache aux autres ta
blessure! laisse-la à nu devant moi.... j'en
connais toute la profondeur.

CAMOENS.

Oui, Fernand, c'est en vain que je m'agite,
leur trait est toujours là; mais, crois-le bien...
ma douleur eût été moins vive si ces hommes
ligués contre moi, m'avaient insulté autre
part que dans le palais de Sébastien. Ils ont
commis un acte déplorable d'insolence et
d'audace, en osant m'attaquer devant lui....
Au milieu même de mon abattement, j'ai
éprouvé une affliction infinie, un regret immense en m'apercevant que le chef de mon
pays n'était pas respecté.

FERNAND.

Dom Sébastien a senti cela — mais aucun
cœur ne battait pour toi, comme le mien....
car là où ils ne voyaient qu'un homme of-
fensé, j'en voyais deux, moi, le poète et l'a-
mant.

CAMOENS.

Tais-toi! tais-toi!

FERNAND.

Et celui qui souffrit le plus, ce fut l'amant,
peut-être: celle qu'il aimait était là.

CAMOENS.

As-tu observé Catherine pendant cette
scène?

FERNAND.

Ah! Camoëns, tu ne m'avais pas dit que
tu étais aimé. Elle s'est trahie.... son trouble,
ses larmes...

CAMOENS.

N'ébranle pas ma résolution!..... Oh!
Duc!

FERNAND.

Le duc! tu le verras au moins une fois encore...

CAMOENS.

Où cela?

FERNAND.

Tiens, plus d'énigmes... de demi-confiden-
ces; j'avais promis au roi de me taire; mais
aujourd'hui, tu as le droit d'exiger ta part de
notre secret...

CAMOENS, *vivement.*

Je l'ai deviné, je crois.... tout me revient
en mémoire.... L'ambassadeur d'Espagne et
le duc se réunissent chez Diégo? C'est eux
que tu voulais surprendre hier. Ils trahissent
le roi! Dieu du ciel! Le duc traître et découvert! Est-ce que je pourrais être heureux encore! (*Entrent Diégo et Antonio.*)

SCENE V.

DIEGO, FERNAND, CAMOENS, ANTONIO.

FERNAND, *à Diégo.*

Où étais-tu ? Ecoute, je vais sortir ; avant une demi-heure, je serai de retour. Les gens que tu sais doivent se réunir à minuit ; aussitôt qu'ils entreront, tu viendras nous avertir.

DIEGO.

C'est bien !

FERNAND.

Qu'aucun de tes mouvements n'arrête leur attention ; assure-toi si le meuble qui masque cette porte de l'autre côté, la cache toujours exactement. Tout serait perdu si cette issue était découverte.

DIEGO.

Est-ce tout ?

FERNAND.

Oui.

DIEGO.

Je n'oublierai rien ; mais avant, j'ai deux mots à vous dire.

FERNAND.

Parle.

DIEGO.

Aujourd'hui, il m'est venu un individu, ayant la tournure d'un marchand, qui m'a demandé un flacon de mon meilleur vin, et m'a invité à m'asseoir à sa table. Tout en buvant, il m'a fait mille questions insignifiantes au milieu desquelles je ne démêlais pas le but qu'il se proposait...

FERNAND.

Au fait !

DIEGO.

« Hier soir, me dit-il enfin, j'ai aperçu un
» cavalier de ma connaissance, le seigneur
» Camoens ; je l'ai rencontré autrefois à
» Goa... Depuis quand est-il débarqué ? De-
» meure-t-il chez vous ? »

FERNAND.

Ah !

DIEGO.

Je me mets sur mes gardes, et je reste muet ; lui, continue : « Je ne vous conseille
» pas de vous y fier ; vous pourriez bien le
» loger gratis. »

CAMOENS.

Qu'as-tu dit ?

DIEGO.

Ma foi, j'ai menti... Vous avez des ennemis ; ce pouvait être quelque émissaire. Je ne connais pas le seigneur Camoens, ai-je répondu. L'homme dont vous me parlez est entré, en passant, pour se rafraîchir, puis il s'est éloigné et je ne l'ai pas revu...

FERNAND (1).

Brave Diégo ! (*à Camoens*) Cet homme était certainement envoyé par Soria. Ils viendront... Hâtons-nous, je vais au devant du roi.... A bientôt, Luis.

DIEGO, *à Camoens*

J'ai bien fait, à ce qu'il paraît.

CAMOENS.

Tu m'as sauvé !

SCENE VI.

CAMOENS, ANTONIO, *puis* **CATHERINE.**

CAMOENS, *agité.*

« Vous pourriez bien le loger gratis !... » En me répétant cela, ce brave homme m'a regardé avec des yeux indignés et confiants qui m'ont percé l'âme. Je préférerais perdre cette main plutôt que de ne pas le payer ; mais comment ? Ce pourpoint est une dérision... je le vendrai... cet habit n'est pas à moi.... je volerais Miguel pour m'acquitter envers Diégo !...

Il s'assied et écrit (2).

Antonio ! je puis succomber dans ce duel Si je meurs, tu iras trouver le roi, et tu lui présenteras cet écrit. (*lisant*) « Doit Luis Camoens, à Diégo, le tavernier, cent crusades. » Le roi est généreux !... Il doublera la somme. Ce sera la seule chose que j'aurai demandée... et je ne vivrai plus. (*Il continue d'écrire.*) Cet autre billet est pour la duchesse de Soria. (*En cet endroit Catherine paraît sur le seuil, à gauche.*) (3). Je veux que Catherine sache qu'elle a eu ma dernière pensée. (*à Antonio*) Tu le lui remettras à elle seule. (*Apercevant Catherine.*) Catherine !.... Veille, Antonio ! (*Antonio sort, Camoëns va à Catherine et la prend par la main.*)

SCENE VII.

CATHERINE, CAMOENS.

CATHERINE.

Ne m'attendais-tu pas ?

CAMOENS.

Je n'osais l'espérer !..

CATHERINE.

Tu ne veux plus mourir !

CAMOENS, *allant à la fenêtre.*

Comment ? ce silence, cette nuit, ne t'ont pa arrêtée ?

(1) Fernand, Diégo, Camoëns.
(2) Antonio, Camoëns.
(3) Catherine, Antonio, Camoëns.

CATHERINE.

Je n'ai vu que ton désespoir!

CAMOENS.

Catherine!.. est-ce possible

CATHERINE.

J'avais prévu la surprise où je vous vois, Camoëns...

CAMOENS.

Que dis-tu? de la surprise... mais, c'est du ravissement...

CATHERINE.

C'est là votre pensée...

CAMOENS.

Et quelle autre pensée me supposez-vous ?.. quel témoin voulez-vous de mon serment ?sur mon amour !...

CATHERINE.

Je vous crois, mon ami...

CAMOENS.

Catherine! pourquoi ces regards inquiets; cherchez vous des paroles pour m'expliquer le généreux élan qui vous a entraînée... je le comprends dans toute sa grandeur, vous n'avez pas besoin d'être justifiée !... jamais pareille heure ne sonnera pour nous peut-être, ne la troublez pas par votre pâleur.

CATHERINE.

Je ne crains rien.

CAMOENS.

Craindre! et que peux-tu craindre près de moi, je le vois, ma joie vous a effrayée !.. je vous aime tant, Catherine!

CATHERINE.

Voilà ce mot !.. ce mot que je redoutais... je croyais... j'avais espéré.

CAMOENS.

Que je ne te parlerais pas de mon amour? et de quoi veux-tu donc que je te parle !.. je chercherais en vain, je ne trouve que toi ! toi, plein mon cœur ! (Il s'anime.) Et si je pouvais demeurer calme, je douterais de vivre ! calme, lorsque tu es là !.. lorsque je me dis, le cœur débordant d'amour et d'orgueil, elle m'a assez aimé pour oublier ses frayeurs et les jugements du monde !.. comment veux-tu que je ne sois pas transporté ? oublie encore, oublie ; après ton sacrifice, tu ne peux garder cette froideur d'emprunt... laisse-la aux femmes qui se sentent faibles...

CATHERINE.

Camoëns!

CAMOENS.

Ne sais-tu pas qu'en passant le seuil de cette maison, tu en as fait un temple !

CATHERINE.

Camoëns, c'est généreux à toi d'avoir compris que j'avais besoin d'être tranquillisée... merci... si tout-à-l'heure, j'ai hésité... si j'ai résisté à l'impulsion qui me poussait vers toi... je m'en repens, entends-tu... j'avais marché, j'avais couru, mon ami, sans penser, sans réfléchir, jusqu'au seuil de cette maison... là seu-

lement, je me suis arrêtée; j'ai reculé, comme devant un abîme... mille craintes, mille scrupules oubliés dans ma fuite, venaient de me saisir tout-à-coup... je veux que tu n'ignores rien de ce qui s'est passé en moi... que va-t-il croire, m'écriai-je ?.. et s'il me parle de son amour, après ce que je fais, que pourrai-je lui répondre ?.. je voulais te voir, pourtant... alors je résolus d'entrer, de parler la première, de te dire : Camoëns, ce n'est pas Catherine qui est devant vous, c'est une sœur, une sœur qui vous demande sa part de vos douleurs... il y a une femme au pied de chaque croix; Camoëns, je me mets au pied de la vôtre.

CAMOENS.

J'avais une âme pour souffrir, donnez m'en une pour cette joie, mon Dieu!

CATHERINE.

Quelle scène!.. quels déchirements vous avez éprouvés! combien j'ai maudit ma faiblesse ! j'ai cru devenir folle, savez-vous ; j'ai senti en vous voyant sortir éperdu, j'ai senti quel désespoir vous emportiez avec vous. C'est alors qu'une idée hardie s'est emparée de moi, véritable idée de femme qui ne doute de rien; seule, je puis le sauver m'écriai-je, et je le sauverai...

CAMOENS.

En vérité, pour exprimer certains sentiments, les mots nous font faute.

CATHERINE.

Si vous ne souffrez plus, je suis récompensée. (Montrant le billet jeté sur la table.) Que m'écriviez-vous dans cette lettre? (Elle va prendre le billet que Camoëns a laissé tomber sur la table, en l'apercevant.)

CAMOENS. (1).

Vous savez...

CATHERINE.

J'étais là...

CAMOENS.

Ne lisez pas !.. parlons!

CATHERINE, lisant.

Des adieux !..

CAMOENS.

Oui, mais cette existence qu'il y a un quart-d'heure à peine j'aurais abandonnée au premier qui eût voulu la prendre, je la défendrai maintenant, j'y tiens...

CATHERINE.

Je me doutais bien qu'une pensée sinistre vous était apparue. J'avais peur d'arriver trop tard. Je redoutais votre exaltation... c'est étrange !.. j'étais loin de vous et je vous voyais! je vous entendais! je pourrais vous dire ce que vous avez éprouvé depuis que vous avez quitté le palais...

CAMOENS.

Dites...

(1) Camoëns. Catherine.

CATHERINE.

Vous êtes entré ici, la tête perdue... l'air vous manquait... vous avez marché à grands pas comptant avec horreur vos espérances mortes et les plaies de votre cœur!... élevant la voix pour maudire...

CAMOENS.

C'est cela, Catherine!

CATHERINE.

N'est-ce pas?

CAMOENS.

Je vous ai appelée, Catherine.

CATHERINE.

Et me voici!

CAMOENS.

Oh!

CATHERINE, s'animant.

Ce n'est pas d'aujourd'hui que je suis initiée à vos angoisses! il y a long-temps que je vais avec vous!... j'ai erré dans l'exil!... courbée sous vos tristesses et vos découragements!... oh! si le repos et la justice s'achetaient au prix des larmes... j'en ai versé sur vous de bien ardentes, Camoëns.

CAMOENS.

Après ces paroles, il faudrait mourir. Merci pour vos dédains, nobles Portugais! il me valent la plus belle heure de ma vie!...

CATHERINE.

Moi! je les hais tous! les lâches! que leur aviez-vous fait?

CAMOENS.

Tu me le demandes Catherine? eh! ne le sais-tu pas! un seul homme les soulevait contre moi!... un seul à qui j'avais osé dire; duc, nous aimons la même femme!

CATHERINE.

O Luiz!

CAMOENS, agité.

Pourquoi cette question fatale, Catherine...

CATHERINE.

Pardonnez-moi mon ami.

CAMOENS.

J'avais tout oublié; mes haines, mes jalousies...

CATHERINE.

Malheureuse...

CAMOENS.

J'avais entrevu le ciel et tu me ramènes à la réalité, à mon enfer... Tout-à-l'heure, tu vas me dire; le jour n'est pas loin... il faut nous séparer. (Il la saisit.)

CATHERINE.

Camoëns... écoutez-moi, je vous en supplie... voudriez-vous d'un bonheur qui me couvrirait de honte... tu m'aimes trop.

CAMOENS.

Mais, tu veux donc que je te rende à lui...

CATHERINE.

Luiz! (S'arrachant de ses bras avec un cri.) Grand Dieu!... (Elle écoute.)

CAMOENS.

Dis, veux-tu m'abandonner enfin...

CATHERINE.

On vient, Camoëns. Sauve-moi.

ANTONIO, entrant.

Le roi!

CAMOENS.

Le roi! (se souvenant) viens... (Il entraîne Catherine et la cache derrière la tapisserie qui masque la porte de communication à droite.)

SCÈNE VIII.

LE ROI, CAMOENS, CATHERINE cachée, ANTONIO au second plan.

LE ROI, s'arrête un instant sur le seuil; il dit quelques mots à Fernand qui l'accompagne: Fernand disparaît aussitôt. Le roi va droit à Camoëns.

Camoëns, ce soir, c'est Fernand qui m'amène; je viens la nuit comme un larron; mais je t'en donne ma parole royale, je m'étais promis de te rendre visite, demain, en plein soleil, suivi de ces courtisans qui nous ont outragés!

CAMOENS, pendant toute cette scène, écoute à peine le roi et est tout à Catherine.

Sire, comment m'acquitter jamais!...

LE ROI, lui prenant la main.

En m'accordant ton amitié!

CAMOENS.

Vous m'accablez!...

LE ROI, agité; rapidement.

Cette insulte est une tache pour mon règne, je ferai tout pour l'effacer... ma faiblesse les a encouragés! Je suis par eux un enfant! St-Jacques! ils n'auraient pas osé cela, avec mon aïeul Jean II! Ah! il leur faut des rois terribles!... c'est bien!

CAMOENS, à part.

C'est moi qui l'ai perdue!

LE ROI.

Nous finirons la nuit ensemble!

CAMOENS, effrayé.

Comment! sire!...

LE ROI.

J'ai mille choses! des confidences à te faire, des conseils à te demander... mon front me semble trop étroit aujourd'hui pour le flot de pensées qui s'y lève... j'ai des reproches sérieux à t'adresser aussi.

CAMOENS.

Suis-je assez malheureux!... (A part.) Ah! Catherine!

LE ROI.

Tu m'as blessé et affligé tout à la fois... En venant, j'ai questionné Fernand sur l'état de tes affaires; il n'a pu rien m'apprendre... tu es discret, à ce qu'il paraît...

CAMOENS.

Que voulez-vous savoir?

LE ROI.

Voyons, peux-tu me prêter cent crusades?

CAMOENS, *surpris.*

En ce moment?...

LE ROI, *lui prenant la main.*

Tu n'as pas cent crusades! ..de ce jour, Camoëns, dom Sébastien et dom Luis font bourse
commune... quelle idée le monde aurait-il du
Portugal, s'il savait que le prince des poëtes
habite la dernière des tavernes de Lisbonne...
Ce logis est indigne de tous deux... j'ai donné
des ordres pour que l'on te prépare un appartement dans mon palais...

CAMOENS.

Sire... (*A part.*) Que faire ?...

LE ROI.

Mon absence n'apportera aucun changement à mes volontés : j'ai fait connaître mes
intentions au cardinal!

CAMOENS.

Au cardinal!

LE ROI.

Il me remplacera près de toi!... à mon retour, tu ne me quitteras plus... tu seras mon
maître.

CAMOENS.

Moi !.

LE ROI, *avec animation.*

Qui pourrait mieux que toi me guider et
m'enseigner la force!... avec des jours rem-
plis comme les tiens, on doit connaître les
hommes... et que sais-je de leurs passions et
de leurs peines... autour de moi se presse, vivant rempart, une foule d'êtres dorés, éter-
nellement semblables! et j'ai vécu vingt années sans regarder au-delà... Personne ne m'a
assez aimé pour me dire : Sébastien! réveille-
toi! les rois sont faits pour les malheureux ;
laisse-là tes fêtes et ces flatteurs qui te cachent
ton peuple. Ta place est au milieu de lui : ses
souffrances te réclament; s'il attend en vain ta
justice, sa grande voix t'accusera devant la
postérité... et tu seras un roi maudit.

CAMOENS.

Quelles paroles!

LE ROI.

Oh! Luis! tu ne sais pas le trouble que cette
nuit a jeté en moi... le récit de tes privations,
de tes tortures, leur rage m'ont ému et
éclairé... J'ai été saisi de frayeur et de honte à
la vue de mon passé stérile! alors seulement
j'ai compris les luttes du génie méconnu ; les
agonies de la pauvreté! quels abymes, quelles
plaies saignantes tu m'a révélés !.. Guérir, protéger, défendre! Oh! la tâche est immense! Il
vous faut dire adieu, amours charmantes, étei-
gnez-vous, douce flamme de ma jeunesse !!! je
porte une couronne !!!...

CAMOENS, *à part.*

Oh! elle est sauvée! Catherine, tu pourrais

paraître devant lui... (*Au roi avec entraînement*). Sire, souvent j'ai imploré Dieu, disant :
Seigneur, vers quel but me poussez-vous ?
Pourquoi ces douleurs si lourdes amassées sur
mon front?... il me répond aujourd'hui.

LE ROI.

Il faisait de toi un glorieux apôtre...

CAMOENS.

Le tableau de ma vie devait donner un roi
au Portugal !... Seigneur, soyez béni !...

ANTONIO, *s'inclinant.* (1)

Merci ! merci ! roi !

CAMOENS.

C'est mon meilleur ami, sire.

LE ROI

Tu es plus riche que moi, Camoëns !

SCÈNE IX.

FERNAND, LE ROI, CAMOENS.

FERNAND, *il entre précipitamment.*

Les voici.

LE ROI.

Ah ! j'avais oublié !

CAMOENS, *jetant un regard vers Catherine.*

Ah! mon Dieu !

LE ROI, *très-sérieux.*

Mon règne commence. (*A Fernand*). Où
nous placeras-tu?

FERNAND (2).

Derrière cette tapisserie. (*Il va pour tirer
la draperie.*)

CAMOENS, *l'arrêtant.*

Que veux-tu?

FERNAND.

Ouvrir le juda.

CAMOENS.

Impossible !

LE ROI, *à Camoëns.*

Sais-tu ce qui se trame dans cette chambre?

CAMOENS.

Sire, chargez-moi de votre justice : elle sera
prompte. — Au nom de notre amitié, Fernand !

LE ROI.

Quelqu'un est caché là.
(*Catherine écarte la tapisserie et paraît.*

FERNAND.

Catherine!

LE ROI.

Madame de Soria!...

CAMOENS (3).

Ah !

LE ROI, *s'inclinant avec respect.*

Vous êtes venue consoler notre poète, madame !

CATHERINE.

Sire !...

(1) Antonio, le Roi, Camoëns.
(2) Le Roi, Camoëns, Fernand.
(3) Fernand, le Roi, Catherine, Camoëns.

LE ROI.

Camoëns doit vous adorer, et nous, vous respecter comme un ange!... Il n'appartenait qu'à une femme de réparer le mal que les hommes avaient fait!... Nous pardonnerez-vous d'avoir violé votre asile?...

CATHERINE.

J'aurais dû le quitter, après vos nobles paroles!...

LE ROI.

Vous me ferez l'honneur d'accepter mon bras jusqu'au palais!...

FERNAND.

Sire, souvenez-vous de ce qui nous amène, je vous en supplie!

CATHERINE.

J'attendrai, Sire (1).

(*Catherine s'assied à gauche; Camoëns se tient près d'elle. Fernand ouvre le juda; dom Sébastien écoute*).

FERNAND.

Plus un mot.

CATHERINE, *avec crainte.*

Que va-t-il se passer?...

SORIA, *dans la coulisse.*

« Don Philippe se repent-il de ses promesses, et fait-il si peu de cas de mes services qu'il croie pouvoir les marchander! »

CATHERINE, *se levant.*

C'est la voix de M. de Soria! grand Dieu!

CAMOENS, *bas.*

Ecoute!

TORELLO, *dans la coulisse.*

« Ces parchemins, monsieur, vous prouveront que mon maître vous regarde toujours comme son premier, son meilleur appui. »

LE ROI.

Quelle infamie!

CATHERINE.

C'est horrible!

CAMOENS, *bas.*

Ecoute encore!

SORIA, *même jeu.*

« Sébastien va se briser contre des masses fanatisées. »

TORELLO, *même jeu.*

« Sa perte est certaine. »

SORIA.

« Il ne survivra pas à la défaite de son armée... »

FERNAND.

Si je brisais cette cloison...

LE ROI, *l'arrêtant.*

Et la duchesse!... (*Il ferme le juda*). Assez, assez, je ne veux pas en entendre davantage!... infamie!...

LE ROI, *à Camoëns, gravement.*

Camoëns, l'instant est venu de me donner ton premier conseil : que résoudre?..

CAMOENS.

Sire, le duc est mon ennemi!

(1) Catherine, Camoëns, le Roi, Fernand.

LE ROI.

C'est vrai. (*puis après un instant de réflexion.*) Je sais ce que je dois faire... (*à Catherine.*) Venez, madame, à bientôt, Camoëns.

CAMOENS, *s'incline, à mi-voix.*

Au revoir, Catherine.

CATHERINE, *même jeu.*

Adieu!

(*Ils sortent à gauche.*)

SCENE X.

ANTONIO, CAMOENS.

CAMOENS. *Il s'élance vers la porte de communication et essaie de l'ouvrir.*

A nous deux maintenant! (*la porte cède.*) Il n'y a plus que ce meuble qui nous sépare.

SORIA, *dans la coulisse.*

Quel est ce bruit... il y a un meuble là, on nous écoutait!

CAMOENS.

Encore un effort, monsieur de Soria.

SCENE XI.

CAMOENS, ANTONIO, SORIA.

SORIA, *s'élançant l'épée haute.*

Camoëns.

(*Antonio saisit le duc et brise son épée.*)

CAMOENS.

Laisse-le, Antonio, laisse-le!

SORIA.

Vous avez écouté?

CAMOENS.

J'ai tout entendu... Antonio, ferme cette porte! et celle-ci, bien!. (*à Soria.*) Duc! personne, excepté Dieu ne peut nous interrompre...

SORIA, *froidement.*

C'est un duel que vous voulez?

CAMOENS.

L'un de nous peut-il vivre plus longtemps, que vous en semble?..

SORIA.

Non! l'un de nous doit mourir, il me faut une heure!

CAMOENS, *éclatant.*

Une heure! mais pas une minute!..

SORIA.

Comme je vous l'ai dit, Monsieur, pas avant, vous avez ma parole.

CAMOENS.

Sa parole! il ose invoquer sa parole, c'est la même sans doute, Monsieur, que vous avez donnée à Sébastien en lui jurant de le servir un loyal sujet! m'offrir sa parole! défends-toi, donc!..

SORIA, *montrant son épée brisée.*

Ne le voyez-vous pas! je suis sans arme!

CAMOENS.

Brisée!.. qu'as-tu fait, Antonio! (1).

SORIA.

Ce combat me tient au cœur autant qu'à vous. Une heure d'attente ne changera rien à mes résolutions.

CAMOENS, *se contraint et donne son épée à Antonio.*

Prends cette épée.

SORIA.

Dans une heure!

(*Il fait un mouvement pour sortir.*)

(1) Antonio, Camoëns, Soria.

CAMOENS.

Oh! un instant, duc, je vous suis. Si vous le permettez... c'est chez vous que je veux attendre.

LE DUC,

C'est bien!

(*Il sort.*)

ANTONIO, *à Camoëns.*

Vous irez?

CAMOENS.

Pourquoi pas?..

ANTONIO.

S'il vous tendait un piége?..

CAMOENS.

Viens avec moi; on ne tue pas facilement deux hommes comme nous.

(*Ils sortent.*)

FIN DU TROISIÈME ACTE.

QUATRIÈME ACTE.

Le théâtre représente une salle chez le duc de Soria. Une porte au fond; une porte à droite; deux portes à gauche; une table et un fauteuil du même côté.

SCÈNE PREMIÈRE.

MANOEL, *puis* PABLO.

MANOEL, *se promenant.*

Monseigneur le duc nous fait veiller tard, cette nuit... Il a paru satisfait des renseignements que je lui ai donnés, sur le seigneur Camoëns... Ce maudit tavernier! je le vois encore, les dents serrées, tremblant de dire un mot de trop... je lui versais de bons verres, pourtant... mais ces moments-là se noient le gosier, sans se mouiller la langue!

PABLO, *entr'ouvrant la porte du fond.*

Vous êtes là, Manoël?

MANOEL.

Oui, j'attends.

PABLO, *il entre.*

Moi aussi, la faction est longue aujourd'hui... il m'est tombé deux grains de sommeil dans les yeux.

MANOEL.

Allons, va-t-en... le duc peut venir.

PABLO.

Dites-donc, du nouveau...

MANOEL.

Quoi?

PABLO.

Tout-à-l'heure, j'étais à la fenêtre, je m'amusais à compter les étoiles, quand j'ai vu passer, dans la cour d'honneur, la duchesse, accompagnée de deux cavaliers; arrivés au pied de l'escalier de la reine, ils ont disparu tous les trois.

MANOEL.

Tu rêvais, Pablo.

PABLO.

Dites : vous rêviez, alors, car Rodrigue qui était à mes côtés, a fait absolument le même songe.

MANOEL.

Ah!

PABLO.

Quelques instants après, les deux hommes, que j'ai parfaitement reconnus, sont revenus sur leurs pas.

MANOEL.

Tu les as reconnus?

PABLO.

Oui, l'un était à coup sûr le seigneur Fernand.

MANOEL.

Et l'autre?

PABLO.

Le diable m'emporte, je crois que c'était dom Sébastien en personne.

MANOEL.

Allons donc!

PABLO.

Cela vous étonne, c'est l'effet que cela nous a produit. Ce qu'il y a de certain, c'est que

mes deux cavaliers se sont dirigés sans être gê-
nés par les sentinelles, vers le logis du roi!

MANOEL.

Singulier conte que tu me fais-là.

PABLO.

Conte moral, qui nous prouve que tout le
monde profite du clair de lune, c'est drôle.

SCÈNE II.

Les mêmes, CATHERINE, *elle entre précipitamment.*

CATHERINE.

Dites-moi, le duc, le duc est-il chez lui?

MANOEL.

Non, madame.

CATHERINE.

Non!... (*A part.*) Camoëns et lui ne sont
rencontrés!

MANOEL.

Madame la duchesse n'a rien à m'ordon-
ner?

CATHERINE.

Non, c'est bien! (*Manoel et Pablo sortent.*)
Oh! mon Dieu, mon Dieu, soutenez-moi! il
faut que je sorte de cette incertitude... La taverne de Diégo est loin, mais n'importe, j'irai,
je m'y traînerai... Tant d'émotions, de ter-
reurs m'ont anéantie!... Allons, quand je
devrais mourir... (*Au moment où elle va pour
sortir par la petite porte du premier plan à
gauche, le duc l'ouvre.*)

SCÈNE III.

SORIA, CATHERINE.

SORIA.

La duchesse!

CATHERINE.

M. de Soria!

SORIA.

Je vous croyais endormie depuis longtemps,
madame.

CATHERINE, *bas.*

A-t-il vu Camoëns?

SORIA.

Quel hasard vous a conduite ici?

CATHERINE.

Je ne sais.

SORIA.

Voilà qui est plaisant!... vous pouvez à
peine vous soutenir... asseyez-vous, je vous
prie... (*Catherine s'assied à droite, le duc cares-
sant.*) Il a fallu, je présume, un événement
bien grave pour vous amener de nuit, dans
cet appartement, où vous n'êtes jamais ob-
tidel Voyons, parlons.

CATHERINE.

Je ne puis!

SORIA, *insistant.*

Qu'aviez-vous à me dire? que vouliez-vous
me demander?

CATHERINE.

Je voulais...

SORIA.

Vous avez bien peu de présence d'esprit.
Vous espériez trouver libre ce passage; vous
alliez chez Camoëns! (*Mouvement de Catherine.*) Oh! je vous connais, madame, vous êtes,
quand il vous plaît, courageuse et hardie, et je
crois que pour rencontrer votre poëte vous
vous souciez peu de l'heure et du lieu du rendez-vous. Je m'étonne que lui, du moins, qui
se prétend gentilhomme, n'ait pas songé que
l'on ne reçoit guère la femme d'un premier
ministre dans une taverne. J'avais cru jusqu'ici que les valets seuls se donnaient rendez-
vous dans de pareils bouges : que leur restera-
t-il si vous venez les en chasser!

CATHERINE, *se relevant.*

Oh! monsieur!...

SORIA.

Il est temps de mettre un terme à ces scan-
dales : j'ai consenti à respecter vos caprices,
madame, je vous ai laissée libre, à une condi-
tion!

CATHERINE, *reculant.*

O! mon Dieu!

SORIA.

C'est que vous respecteriez l'honneur de
mon nom!

CATHERINE, *avec un cri..*

Votre épée monsieur! vous êtes sans épée!

SORIA, *surpris.*

Mon épée!

CATHERINE, *éperdue.*

Vous vous êtes battus?

SORIA.

Avec qui?

CATHERINE.

Un mot; un seul! Camoëns est-il mort?

SORIA, *d'une voix sourde.*

Pas encore!

CATHERINE, *chancelant.*

Il serait mort et je n'aurais rien su! je por-
terais le nom du meurtrier de Camoëns!...

SORIA.

Vous êtes folle!

CATHERINE.

Folle, si vous voulez! mais Camoëns?

SORIA.

Suis-je ici pour que vous me questionniez
sur votre amant?

CATHERINE, *se ranimant.*

Mon amant, M. le duc! Ne peut-on donc ad-
mirer Camoëns sans être sa maîtresse? mon
amant! (*Soria fait un mouvement.*) Tenez, je
ne rougirai pas mon amour pour lui, ce
serait une lâcheté. Je l'aimais monsieur,

je vous l'ai déclaré ; vous m'avez épousée malgré mon aveu et mes supplications. Je n'ai jamais aimé que Camoëns !

SORIA.

Assez madame, assez.

CATHERINE, *avec une force toujours plus grande.*

Non, monsieur ! je parlerai et vous m'écouterez. Vous m'avez insultée et je me suis tue ; je vous ai supplié et vous m'avez repoussée. Je le savais déjà, les prières ne peuvent rien sur vous. Mais monsieur, êtes-vous donc irréprochable ! avez-vous vraiment le droit d'accuser et de flétrir ? Vous me demandiez si j'allais chez Camoëns ; j'y retournerais monsieur, car j'étais près de lui, il y a une heure.

SORIA, *la saisissant.*

Est-ce vrai ?

CATHERINE, *continuant.*

Et vous y étiez aussi ! seulement, j'en suis sortie pure, moi ; j'ai respecté, j'ai défendu votre honneur dans cette même taverne où venez de le vendre !

SORIA.

Il faut qu'elle disparaisse. (*Appelant.*) Manoël.

CATHERINE.

Oh! je sais ce qui m'attend ! La mort me sera facile... une partie de moi-même n'existe plus déjà! (*Manoël entre.*)

SORIA, *à Manoël!*

Envoie prier ma nièce, la supérieure du couvent de Santa-Anna, de faire préparer une cellule pour madame la duchesse de Soria. (*Manoël sort.*)

CATHERINE.

Au couvent de Santa-Anna!

SORIA.

Oh! je ne vous tuerai pas.

CATHERINE.

Je vous rends grâces : c'est une tombe où je prierai pour lui.

SORIA.

Priez Dieu qu'il vous vienne en aide !

CATHERINE.

Il y viendra, Monsieur, et Camoëns sera vengé! (*Elle sort à droite; Soria la suit et l'enferme.*)

SCÈNE IV.

SORIA, *puis* MANOEL.

SORIA, *dans le plus grand trouble.*

Au couvent de Santa-Anna, c'est comme si elle était morte. A Camoëns, maintenant! — Ah! cette femme m'a troublé.... De quoi suis-je sûr maintenant !... N'importe, j'irai jusqu'au bout! Ah! s'il n'y avait que Camoëns!... Il est là, je le tiens..., lui et son esclave.... Ne pensons qu'à eux!

MANOEL, *rentrant.*

Vos ordres sont exécutés!

SORIA.

Approche! tu t'es laissé tromper tantôt par ce tavernier... Cela a été cause d'un malheur dont il faut prévenir les suites... Qui as-tu avec toi?

MANOEL.

Rodrigue est à Santa-Anna ; il revient, et Pablo.

SORIA.

Bien! un homme m'a outragé...

MANOEL.

Où le trouverons-nous?

SORIA, *montrant la porte du fond.*

Il est là...

MANOEL.

Camoëns?

SORIA.

Oui.

MANOEL.

Où devons-nous frapper?

SORIA.

Ici.

MANOEL.

Tout de suite?

SORIA.

Non! j'ai à lui parler avant! (*Prenant l'épée de Manoël.*) Prends une autre épée. (*Il dépose l'épée sur la table.*) Tu laisseras la porte entr'ouverte, de manière à tout voir. Quand je toucherai cette arme...

MANOEL.

Nous entrerons!

SCÈNE V.

SORIA, CAMOENS, MANOEL.

SORIA.

Déjà, monsieur de Camoëns?

CAMOENS.

Serez-vous bientôt prêt, Monsieur? (*Manoël sort.*)

SORIA.

L'heure est loin d'être écoulée!

CAMOENS.

Hâtez-vous, Monsieur; il faut qu'au point du jour le comte Réal me trouve vivant ou mort! (*Il va pour sortir.*)

SORIA, *froidement.*

Avant de nous éloigner, j'ai une demande à vous adresser, Monsieur.

CAMOENS, *impatient.*

Je vous écoute.

SORIA, *lentement et avec intention.*

Avant de me battre, je tiens à savoir si personne autre que vous ne connaît mon entretien avec M. de Torello.

CAMOENS.

Je vous l'apprendrai, l'épée à la main... Venez?

SORIA.

Pas avant que vous ne m'ayez répondu.

CAMOENS.

Prenez garde, vos gens sont à deux pas; si vous tardez, je parle, et d'une voix assez haute pour qu'ils m'entendent!

SORIA, *saisissant l'épée de Manoel, d'une voix sourde.*

Meurs donc!

LE ROI, *dans la coulisse.*

Annoncez-vous au duc de Soria!

SORIA.

Le roi! (*à Camoens*) Je comprends votre courage, maintenant.

CAMOENS.

Sur mon honneur, j'ignorais que le roi dût venir... Quoi qu'il arrive, vous me retrouverez. (*Il cherche une issue.*)

SORIA, *ouvrant la porte du second plan à gauche.*

Ici. (*puis allant au devant du roi*) Tu as raison, il ne faut pas que tu m'échappes.

SCENE VI.

SORIA, LE ROI, FERNAND, DEUX SEIGNEURS.

SORIA.

Le roi chez moi! Sire, un tel honneur?

LE ROI.

Duc, il s'agit du salut de mon royaume.

SORIA.

Qu'est-il arrivé, Sire; les infidèles vous auraient-ils prévenu?

LE ROI.

Le danger ne vient pas d'Afrique, mais d'Espagne.

LE DUC.

Le roi d'Espagne!

LE ROI.

Mon oncle, Philippe II, ne trouve pas sa part d'empire assez belle... Il voit, malgré l'habileté de ses capitaines et l'appui de la cour de Rome, ses efforts échouer au-delà des Pyrénées, et il reporte ses prétentions de ce côté. Il songe à faire du Portugal une province espagnole; que dites-vous de cela, Duc?

SORIA.

Il vous a déclaré la guerre?

FERNAND.

Non, vous le savez bien, cousin... Philippe-le-Prudent ne l'oserait pas!

LE ROI.

Certes, non!... Voici ce qu'a fait ce haut politique: Il a encouragé, et de toutes ses forces, mes projets de croisade, m'exhortant à passer la mer, au nom de la religion... m'offrant même des secours d'hommes et d'argent pour m'aider dans cette glorieuse entre-

prise; puis, en secret, il a ordonné à son ministre de ne rien épargner pour se faire des amis nombreux à Lisbonne. M. de Torello a trouvé, à ce qu'il paraît, des mécontents parmi mes gentilshommes... et de ces mécontents, ses promesses ont fait des traîtres!

SORIA, *à part.*

Il sait tout! (*Haut*) L'ambassadeur est arrêté?

LE ROI.

Je l'ai l'ai laissé s'éloigner.

SORIA.

Votre Majesté connaît ses complices?

LE ROI.

Pas tous.

FERNAND.

On les atteindra!

LE ROI.

Les projets de ces misérables, leurs espérances, rien ne nous est échappé... C'est une trame tellement hideuse, qu'il me répugne d'en dire les détails. (*à Fernand*) Parle pour moi, Fernand, en deux mots.

FERNAND.

Des agents de l'Espagne sont passés en Afrique. L'or de Philippe II a soulevé des tribus alliées, et leur a donné des armes.

SORIA, *examinant le roi.*

Ah!

LE ROI.

Écoutez, duc, écoutez!

FERNAND.

A la première nouvelle de la mort de dom Sébastien, car on pense qu'il périra avec sa noblesse, le duc d'Albe marchera sur Lisbonne qui lui sera livrée.

LE ROI, *avec force.*

Est-ce bien cela, Duc?

SORIA.

Sire!...

LE ROI, *aux gentilshommes.*

Messieurs, si je vous ai éveillés au milieu de la nuit, si je vous ai conduits chez le premier ministre, duc de Soria, c'est pour l'accuser devant vous de haute-trahison! (*mouvement*) Oui, Messieurs, c'est ce duc, comblé des bienfaits de mon aïeul et des miens, qui a promis de livrer le Portugal!

SORIA.

Mais, qui m'accuse?

LE ROI, *indigné.*

Oh! ne niez pas, Duc! c'est assez d'infamie comme cela! Qui vous accuse? mais, moi, le roi; est-ce assez? N'ai-je pas tout entendu? Fernand ne vous a-t-il pas répété vos propres paroles?... Que voulez-vous donc de plus?...

SORIA.

Sire...

LE ROI, *aux gentilshommes.*

Hier, hier encore, je refusais de croire à tant de perfidie: je m'abandonnais à lui. (*à Soria*) J'aurais le droit de vous attacher à quelque pilori, Monsieur... mais votre nom vous sauve. Vous êtes heureux que vos pères aient eu de l'honneur pour vous. Allez trouver dom Philippe qui vous appelle : dites-lui que votre trahison, découverte le jour même de mon départ, n'a rien changé à mes projets ! Le roi de Portugal va combattre pour la cause de Dieu, et Dieu soutient ses soldats... Demandez à dom Philippe un toit, une famille pour les malédictions de tout un peuple, pour la flétrissure éternelle de votre front : vous verrez ce qu'il vous jettera !... Le Portugal est désormais pour vous terre étrangère et ennemie ; vous jouerez votre vie le jour où vous y rentrerez... Devant nous, chapeau bas, et reconduisez-nous jusqu'au seuil de votre maison !... *(Ils sortent.)*

SCÈNE VII.

CAMOËNS, *puis* **CATHERINE**.

CAMOËNS.

Je craignais que le roi ne le fît arrêter ! Noble jeune homme !.... il me l'abandonne ! Catherine, demain peut-être te réveilleras-tu libre !... Elle est heureusement rentrée, j'espère, guidée par Sébastien ! O Dieu ! que j'ai souvent négligé, mais que je n'ai jamais méconnu, protégez-la !

CATHERINE, *dans la coulisse, d'une voix faible.*

Camoëns !

CAMOËNS.

On a prononcé mon nom !

CATHERINE, *même jeu.*

Camoëns !

CAMOËNS.

Encore ! c'est la voix de Catherine... où est-elle ? ah ! cette porte ! *(Il rouvre la porte de droite. Catherine paraît).* Catherine !

CATHERINE.

Camoëns ! je ne m'étais pas trompée ! c'est bien vous !... vivant !... sans blessure ! *(Tombant à genoux).* Soyez béni, mon Dieu !

CAMOËNS, *la relevant.*

Comment es-tu ici, Catherine ? dom Sébastien devait te conduire chez sa mère.

CATHERINE.

Je n'ai pu y demeurer une heure, Luiz ! l'idée de vous savoir dans cette taverne, près du duc, me torturait... Je suis accourue : de Soria est entré presque en même temps que moi : il était sans épée. — Ce fut un coup de foudre ! Je ne doutai plus ; je te vis étendu mort, frappé par M. de Soria.

CAMOËNS.

Pauvre Catherine !

CATHERINE.

Oui, pauvre Catherine : c'était affreux ! — lui ai demandé la vérité ; je n'ai pu l'obtenir, alors ma tête s'est perdue...

CAMOËNS.

Ne crains plus rien.

CATHERINE.

Oh ! oui, tu me défendras !

CAMOËNS.

Le duc est exilé ! il a ordre de quitter Lisbonne cette nuit même.

CATHERINE.

Je reste, moi.

CAMOËNS.

Ecoute, Catherine, il n'y a pas une minute à perdre, le duc devrait être ici déjà... Il faut fuir !

CATHERINE.

Oui.

CAMOËNS.

Pars... Antonio sera ton guide... il est là.

CATHERINE.

Et toi ?

CAMOËNS.

Je vous rejoindrai.

CATHERINE.

Partir seule ?... je ne ferai pas un pas sans toi : ma vie est entre tes mains... décide !

CAMOËNS.

J'ai juré de l'attendre.

CATHERINE.

Vous restez pour vous battre : j'en étais sûre ! et, s'il te tue, que deviendrai-je, moi !... tu peux donc accepter la chance de m'abandonner à sa colère ! Oh ! Camoëns ! devant mon oubli de toutes choses, ne me parle pas d'un serment pareil, ou je croirais que tu ne m'as jamais aimée !

CAMOËNS.

Il dira que j'ai eu peur.

CATHERINE.

Eh ! que t'importe ! — Est-ce que je m'inquiète, moi, de ce qu'il dira en apprenant ma fuite.

CAMOËNS.

Mais, ma parole, Catherine...

CATHERINE.

Eh bien ! j'attendrai, moi aussi ; mais souvenez-vous que vous immolez à votre orgueil la femme qui vous aime plus que tout au monde.

CAMOËNS.

Epargne-moi, Catherine.

CATHERINE.

Ne sais-tu pas ce qui m'attend ?... une cellule au fond d'un cloître...

CAMOËNS.

Oh ! tu as raison, sa vie ne vaut pas le danger que tu courrais...

CATHERINE.

Risquer une existence comme la tienne...

CAMOËNS.

Plein d'avenir et de bonheur désormais, ce serait bien fou... Viens, Catherine.

CATHERINE.

Merci, Camoëns, merci : tu as maintenant une compagne pour les mauvais jours. Aime-moi bien, car je n'ai que toi sur la terre. *(Antonio entre par le fond.)*

CAMOËNS, *va à lui, bas.*
Dis au duc que je reviens.
(Il sort avec Catherine par la petite porte du premier plan, à gauche. Soria entre au même instant par le fond.
ANTONIO.
Il était temps...

SCÈNE VIII.

ANTONIO, SORIA.

SORIA, *à part.*
Sébastien! Nous verrons qui de nous deux rentrera le premier dans Lisbonne. — Mes hommes sont prêts... *(Allant à la porte de l'appartement où est entré Camoëns).* Monsieur de Camoëns, je suis à vos ordres!
ANTONIO.
Il n'est plus là.
SORIA.
Qui a parlé?
ANTONIO.
Moi.
SORIA.
Qui es-tu?
ANTONIO.
Tu me reconnais bien.
SORIA.
Que viens-tu faire?
ANTONIO.
Défendre Camoëns, s'il en est besoin.
SORIA.
Camoëns n'est pas parti; quand il doit se battre, ce serait une lâcheté!

ANTONIO, *fait un mouvement, puis s'arrête.*
Une injure de toi, ce n'est rien.
SORIA, *va à la porte où il a enfermé Catherine il la trouve ouverte.*
Je comprends, Camoëns s'est échappé, et t[u] es resté pour protéger sa fuite : il n'est p[as] seul... c'est bien, ils reviendront; la porte q[ui] conduit cet escalier est fermée... Écoute..
(On entend des pas).
ANTONIO.
Ils reviennent!... *(Il va pour le frapper)* Ils ne te retrouveront pas vivant.

SCENE IX.

CATHERINE, ANTONIO (au second plan) CAMOENS, SORIA.

CAMOËNS.
Arrête, malheureux!
SORIA.
A mon tour, je vous attendais, monsieur d[e] Camoëns...
CAMOËNS.
Allons! *(ils vont pour sortir).*
CATHERINE, *elle s'élance et vout arrêter le duc*
Ne sortez pas, Camoëns, ils vous tueront.
SORIA, *la repoussant.*
Laissez-moi! *(Elle s'évanouit).* — A Manoël qui paraît au fond). Des flambeaux!
CAMOËNS, *il va pour relever Catherine; puis tout-à-coup, il revient sur le duc, le sais[it] et l'entraîne).*
Il faut la foudre pour nous séparer maintenant! *(Ils sortent).*

FIN DU QUATRIÈME ACTE.

CINQUIEME ACTE.

Le théâtre représente une misérable chambre. Au fond, une porte. Une croisée à droite. Au lever du rideau, Camoëns est assis à gauche, devant une table boiteuse couverte de papiers. Au fond, Antonio va et vient lentement. Au premier mot de Camoëns, il s'arrête, et reste les yeux fixés sur son maître.

SCÈNE PREMIÈRE.

CAMOËNS, ANTONIO.

CAMOËNS.
Je n'ai jamais écrit de pareils vers! non! pas même à l'Université de Coïmbre! *(Il déchire ce qu'il a écrit.)* Oh! mes Mémoires me font mal... mais mon âme est encore plus malade que mon corps!... *(Il reprend la plume.)* Allons, allons, Camoëns, c'est un mo-[ment de faiblesse... de découragement qu'il faut vaincre... à l'œuvre! *(Il laisse tomber sa tête dans ses mains.)* Je ne puis!.. ah! c'est que je souffre tant!... *(Avec colère.)* Ah!... malheureux que je suis!... je cherche par de ridicules subterfuges, par des ruses d'enfant, à me faire illusion sur ma déchéance... *(Se levant.)* La douleur t'empêcherait de travailler, Camoëns!... la douleur t'inspirait! elle te donnait du génie!... *(Il retombe.)* Ai-je

ou de génie!... depuis un mois, l'impuissance ronge mes facultés!... mon cerveau est vide!... quelle triste et déplorable fin que me réservez... mon Dieu! j'ai deux agonies à subir! ma pensée est descendue dans la tombe avant moi! malédiction!... (*Il se relève.*) Non, non, cela ne se peut pas!... je veux essayer encore! si je n'avais plus rien là! (*Il se frappe le front.*) Je me briserais le crâne!... je ne veux pas qu'on puisse dire : Camoëns est devenu un homme inutile... stupide!... c'est un défi que je porte à Dieu!... (*Il reprend sa plume.*)

ANTONIO.

Maître! maître!

CAMOENS.

Antonio, mon bon Antonio, tu étais là, et tu te taisais!... mon ami, oh! je t'avais oublié! tu as été témoin de mon désespoir, de ma rage! oh! je m'en vais... je suis perdu!... je dois te faire pitié, à toi qui m'a connu quand je comptais parmi les rois de l'intelligence!

ANTONIO.

Vous êtes toujours Camoëns le grand poète!

CAMOENS, *il marche soutenu par Antonio.*

Le poète n'est plus!... je puis porter mon deuil!... mais, ma consolation suprême, Antonio, c'est de succomber avant mon pays, que le dernier soupir de Sébastien a mis à l'agonie. Du moins, je ne verrai pas l'Espagne achever ce pauvre royaume, moribond comme moi!... rien ne m'attache plus à la vie!... amour, royauté... patrie... tout s'est écroulé autour de moi! emportant, à chaque fois, un lambeau de mon cœur... inutile et triste débris, que ferais-je au milieu des tombes et des ruines? (*Il se rassied et ferme les yeux.*)

ANTONIO.

C'est horrible!

CAMOENS, *doucement, dans une sorte de délire.*

Catherine!...

ANTONIO.

Toujours le souvenir de cette femme qui le poursuit.

CAMOENS, *il se lève à demi, les bras étendus.*

Elle va m'échapper... ta main, Catherine!... disparue!... elle est morte, je suis fou!

ANTONIO.

Nous n'en savons rien. Maître, vous la reverrez!

CAMOENS.

Tu veux me tromper!... oh si seulement, j'avais assez de force. Dieu me conduirait vers elle si elle existe. (*Il essaie de se soulever vers la porte.*) Je veux sortir, la chercher.

ANTONIO, *l'arrêtant.*

Attendez le jour.

CAMOENS.

Laisse-moi... (*Il retombe.*) Laisse-moi... impossible...

ANTONIO.

Noble et malheureux maître! comme le voilà brisé, tel que l'a fait un mois de douleurs et de misères terribles... que faire pour le sauver?.. Ah! si la vie d'un homme pouvait en racheter un autre?.. j'ai un projet!.. pour lui, toute honte doit se taire... mais s'il se réveillait en mon absence!.. il sera temps bientôt... (*Il va à la fenêtre.*) Les portes de Santa-Anna livrent passage à la foule qui se rend à la messe de minuit, ils m'écouteront... le cœur s'ouvre quand on va prier... et toi, Christ, Dieu de Camoëns, fais que, tout-à-l'heure, quand sur les marches du temple, j'irai leur tendre la main, fais qu'ils ne me repoussent pas... ce moment est suprême!.. sauve-le et je te donne mon âme!

SCÈNE II.

CAMOENS, ANTONIO, CATHERINE.

CATHERINE, *sur le seuil.*

C'est bien lui! oh! je craignais de ne pouvoir arriver jusqu'ici!

ANTONIO, *l'apercevant.*

Vous, Madame!

CATHERINE.

Où est-il, Antonio?

ANTONIO.

Regardez. (*Catherine va à Camoëns.*[1]) Oh! ne le réveillez pas, c'est son premier sommeil depuis bien des nuits.

CATHERINE.

Quel changement!

ANTONIO.

Vous êtes bien changée, vous aussi!

CATHERINE.

Moi, qu'importe! (*à part.*) Dieu, que je suis faible! (*Haut.*) Comment avez-vous été sauvés? (*Elle s'appuie sur le fauteuil de Camoëns.*)

ANTONIO.

Des ouvriers accourus au bruit de la lutte, ont mis en fuite les assassins de M. de Soria, au moment où ils allaient nous achever... et, après avoir pansé nos plaies, ils nous ont portés dans cette chambre!

CATHERINE.

Fernand n'a donc été instruit de rien.

ANTONIO.

Quand il vint le matin pour le duel du comte Réal, Diégo lui apprit ce qui s'était passé... Fernand courut à l'hôtel du duc, il le trouva désert; l'instant du départ le surprit, et il fut forcé de s'éloigner avec dom Sébastien, aussi désespéré que lui.

CATHERINE.

Et le nouveau Roi?

ANTONIO.

Le cardinal Henri est l'ennemi de mon maître.

(1) Camoëns, Catherine, Antonio.

CATHERINE.
Et personne ne s'est souvenu de Camoëns!

ANTONIO.
Si, Madame, un ami nous a cherchés et a su nous découvrir.. Diégo, le tavernier... sans ses secours, nous serions à l'hôpital.

CATHERINE.
À l'hôpital! ah!

ANTONIO.
Oh! nous menons une existence terrible! mais, vous-même, quel hasard vous a conduite vers nous?

CATHERINE.
Il y a une heure, j'étais à la fenêtre de ma cellule, un homme entrait ici, je te reconnais, tu vivais, il devait vivre... je m'élance, on m'arrête; je supplie, je donne mes bijoux, l'or qui me restait, et je suis libre!

ANTONIO.
Vous seule occupez et prolongez sa vie... tout-à-l'heure il vous appelait.

CAMOËNS, *rêvant.*
Catherine!

ANTONIO.
L'entendez-vous?

CATHERINE, *doucement à Camoëns.*
Je suis là!

ANTONIO.
Vous voici et j'espère!

CATHERINE, *s'oubliant.*
Espérer! quel mot as-tu dit. (Se contraignant.) Je suis mourante Antonio, ne le vois-tu pas?..

ANTONIO.
Oh! oui, vos traits sont bouleversés!

CATHERINE.
Maintenant, je voudrais ressaisir cette existence qui m'échappe... je voudrais vivre maintenant...

ANTONIO.
A nous deux, nous le sauverons.

CATHERINE, *à demi-voix.*
Je mourrai près de lui, du moins...

ANTONIO.
Oh, si vous pensez que la mort peut vous surprendre dans ses bras, ayez le courage de vous éloigner, Madame.

CATHERINE.
Et que veux-tu que je devienne, Antonio.

ANTONIO.
Voulez-vous donc l'achever, Madame?

CATHERINE.
Tu es cruel!.. mais tu as raison! que je le revoie! si j'osais, je déposerais mon âme sur son front... (Elle se penche vers Camoëns.) Adieu! (en ce moment il ouvre les yeux.) Ah! il m'a vue!

CAMOËNS, *il se lève et les bras ouverts, il s'approche lentement de Catherine qui recule.*
Catherine... est-ce toi.

CAMOËNS.
Luiz!

CATHERINE, *même jeu.*
Luiz! elle a parlé!.. c'est sa voix!.., c' mon nom! je ne rêve pas!.. ce n'est point une vision! (S'arrêtant.) Antonio! tu n'es pas fou toi! dis, est-ce réellement Catherine, ou son ombre, qui se tient là devant moi! et qui me regarde?

CATHERINE.
C'est moi... c'est moi, Camoëns!

CAMOËNS, *la saisissant.*
Elle m'est rendue!

CATHERINE.
Mon bien-aimé!

CAMOËNS, *avec exaltation.* (1).
Suis-je Camoëns? ce pâle mourant de tout-à-l'heure! je suis ressuscité; depuis que je te tiens dans mes bras!

CATHERINE.
Vivez, Camoëns, vivez!.. (à part.) Oh! j'ai peur!

ANTONIO.
Il n'est plus seul! à l'œuvre, maintenant.
(Il sort.)

SCÈNE III.
CAMOËNS, CATHERINE.

(Catherine s'assied à droite près de la fenêtre, Camoëns se tient d'abord debout près d'elle, puis s'assied à ses pieds.)
CAMOËNS, *il tient les mains de Catherine dans les siennes.*

Mon bonheur est quelque chose de si inespéré... de si inattendu... que j'ose à peine y croire... Est-ce bien toi... oh! je le sens, si tu me manquais, ce serait fait de Camoëns!... tu ne me quitteras plus!..

CATHERINE.
Non... Luiz... jamais!

CAMOËNS.
Nous sommes l'un à l'autre!

CATHERINE.
L'un à l'autre!

CAMOËNS.
Ta voix et ton âme sont l'écho de mon âme et de ma voix!.. où irons-nous?

CATHERINE.
Où tu voudras! (bas.) des projets! (haut.) Tu me l'as dit dans tes vers, Camoëns, la patrie de ceux qui s'aiment, est partout où ils peuvent s'aimer!

CAMOËNS.
Tu te rappelles mes vers?

CATHERINE.
Qui donc les aurait retenus, si je ne les avais pas, moi?

CAMOËNS.
Ils ont tous été écrits pour toi seule, Catherine!

CATHERINE.
Tous... non... mais j'en sais qui n'appar-

(1) Camoëns, Catherine, Antonio en ce moment.

tiennent qu'à moi!.. qui m'ont fait verser bien des larmes!

CAMOENS.

Je t'ai fait pleurer!

CATHERINE.

Oh! de douces larmes... je les sentais trop vivement pour qu'une autre femme eût pu les inspirer.

« Je vois chacun me fuir ainsi qu'un insensé... »

CAMOENS.

Tu ne te trompes pas, Catherine, ils étaient pour toi!.. continue... c'est un écho lointain de mon passé.

CATHERINE.

« Je vois chacun me fuir ainsi qu'un insensé,
« J'inspire à mes amis une pitié profonde.
« Mon esprit est, Madame, inquiet comme l'onde;
« Comme un duvet dans l'air par un doux vent bercé.

« Tantôt, sur mon front se pose un souffle glacé.
« Un volcan dans mon sein parfois bouillonne et gronde,
« Il est vrai, je suis fou... comme moi nul au monde
« N'aura ...... être aussi heureux.

(La voix de Catherine s'est affaiblie de plus en plus.)

CAMOENS, *poursuivant.*

« Un jour comme un dieu, j'ai le bonheur suprême.
« Un jour, comme un damné, je souffre, je blasphème,
« J'ai dans le cœur l'enfer et les cieux étoilés;

« Nul ne sait le secret du tourment qui me brise,
« Nul ne le connaître, hors vous si vous voulez,
« C'est pour vous avoir vue, un soir, dans une église... »

Jamais mes vers ne m'ont paru si beaux!.. l'âme d'une femme est une lyre divine! oh! il était temps que tu vinsses me rattacher à la vie! je m'en allais pas à pas. Trop lentement à mon gré! je croyais te rejoindre!... d'où viens-tu, ange sauveur? qui t'a guidé vers moi?

CATHERINE.

Plus tard! je te dirai...

CAMOENS.

Oui, plus tard; n'avons-nous pas l'avenir! regarde-moi, Catherine; que tu es belle! tes yeux brillent d'un éclat surnaturel...

CATHERINE, *se levant tout à coup.*

Un ......, mon Dieu... la vie... la vie!...

CAMOENS, *effrayé.*

Que dis-tu? qu'as-tu? comme ta main est froide!

CATHERINE.

Rien... c'est la tienne qui me brûle! *(à part.)* Il va blasphémer!

ANTONIO, *dans la coulisse.*

Seigneur, faites l'aumône au Camoëns!..

CATHERINE, *à part.*

Antonio!

CAMOENS, *se redressant égaré.*

L'aumône au Camoëns; qui peut mendier en mon nom?

CATHERINE.

Oh!

CAMOENS.

Qu'as-tu, Catherine?

CATHERINE.

Rien!.. ta destinée s'accomplit, Camoens, malheureux comme le génie vivant, la postérité te garde un trône!

ANTONIO, *même jeu.*

Seigneur, faites l'aumône au Camoëns qui meurt de faim!

CAMOENS, *chancelant et dans le plus grand désordre.*

Qui dit que Camoëns a besoin d'une aumône!

(Il va à la fenêtre, Catherine se lève et veut fuir.

ANTONIO, *même jeu.*

Le Camoëns meurt de faim.

CAMOENS, *d'une voix étranglée.*

Silence, voix exécrable! tu mens!

CATHERINE, *arrivée près de la porte, elle tombe.*

Camoëns!

CAMOENS, *avec un rire.*

Il me manquait cela!.. *(il se retourne.)* Tu m'appelles!... *(il la voit mourante.)* Grand Dieu!

CATHERINE.

Oh! Camoëns!..

CAMOENS.

Viens, viens, *(il la traine et vient l'asseoir à gauche près de la table.)*

CATHERINE.

Monsieur de Soria rentre dans Lisbonne cette nuit... je te croyais mort... et...

CAMOENS.

Elle s'est tuée!...

CATHERINE.

Pardonne-moi!.. je t'aime. *(Elle meurt.)*

CAMOENS, *il se penche sur Catherine et l'appelle doucement.*

Catherine... tu n'es pas morte... Catherine, tu ne peux me laisser ainsi... Dis, lève-toi, Catherine... *(Il essaie de la soulever).* Elle est morte!... mon Dieu! est-ce que vous allez me laisser vivre?... *(Une cloche tinte).* La cloche de Santa-Anna... voici votre réponse, mon Dieu! — Cette fois je la bénis, elle sonne la délivrance : — Je savais bien que cette cloche sonnerait la mort de Camoëns.

SCENE IV.

CATHERINE *morte,* CAMOENS *à terre,* ANTONIO.

ANTONIO, *il s'arrête sur le seuil. Avec colère.*

Christ! tu n'as pas voulu de moi! *(Apercevant Camoëns.)* Ah!

CAMOENS, *se soulevant avec un rire.*
Que t'ont-ils donné pour le Camoëns?...
ANTONIO.
Le fer seul peut pénétrer dans leur cœur.
CAMOENS, *mourant.*
Que Dieu leur pardonne!... Adieu, toi qui m'as tant aimé!... J'étouffe! (*Avec un cri*). Antonio, un linceul pour nous deux... Catherine... me voici!... (*Il expire.*)
ANTONIO, *agenouillé.*
Oui, maître, un linceul pour vous deux! — puis, après, une tombe pour moi, près de la vôtre...

VARIANTE.

SCÈNE III

CATHERINE morte, CAMOENS à terre.

(*Une cloche tinte*). La cloche de Santa-Anna! c'est là votre réponse, mon Dieu!... aujourd'hui je la bénis : elle sonne la délivrance... Je sais bien que cette cloche sonnerait la mort que Camoëns... Catherine... me voici. (*Il expire.*)
ANTONIO, *dans la coulisse.*
Seigneur, Dieu l'amener à Camoëns!

Imprimerie hydraulique de Giroux et Vialat, à Saint-Denis-du-Port, près Lagny.